BUSINESS

Andrea Fontana

STORIE CHE INCANTANO

IL LATO NARRATIVO DEI BRAND

ROI EDIZIONI

via Carducci 67, Macerata
email: info@roiedizioni.it

Design copertina: Margherita La Noce

Immagine in copertina: iStock.com/Robert Daly

Foto autore: Federica Nardese

Prima edizione: maggio 2018
Prima ristampa: novembre 2019
Seconda ristampa: ottobre 2021
Terza ristampa: febbraio 2022

ISBN 978-88-85493-13-1

INDICE

INTRODUZIONE
DI FRONTE L'INCANTO

> "'Qui siamo tutti matti. Io sono matto. Tu sei matta.'
> 'Come lo sai che sono matta?', disse Alice.
> 'Altrimenti non saresti venuta qui', disse il Gatto."
>
> LEWIS CARROLL, *Alice nel paese delle meraviglie*

A bocca aperta.

È così che si rimane di fronte a una storia che incanta.

Vi ricordate da bambini la prima volta che siete rimasti a bocca aperta? Per un nuovo gioco, per una persona incontrata, per un avvenimento con amici o parenti, per l'incontro con la natura. Mi ricordo, per esempio, che sono rimasto a bocca aperta la prima volta che ho visto il mare. Io che sono nato in pianura. Questa immensa distesa di fluido azzurro che si confondeva con il cielo e che faceva la schiuma in una tiepida giornata di tarda primavera. In pianura non si muove nulla e lì si muoveva tutto, ha pensato la mia mente bambina. Wow! O quella volta che mio padre si vestì da Babbo Natale e – per me irriconoscibile – bussò alla porta di casa e disse con voce grave: "Oh Oh Oh... C'è nessuno in casa? Sono Babbo Natale!" Solo a ripensarci mi viene la pelle d'oca e una grande e dolce nostalgia per lui che non c'è più. Ma quello che decisamente aveva enorme potere d'incanto su di me – e mi faceva rimanere lì fisso come un pesce lesso – erano i primi cartoni animati. Eroi ed eroine che lottavano per salvare l'umanità dal male e portare libertà, amore, giustizia, magari con poteri magici o con robot giganti.

Possiamo essere affaccendati a fare altro, presi dai nostri mille impegni, ma quando incontriamo storie così ci fermiamo. Il cuore comincia a battere, i ricordi si muovono e ci riconosciamo: in quella frase, in quel testo, in quella foto o video, in quella azione o dichiarazione.

L'incanto di queste storie è il fascino di un contenuto, l'attrazione di una immagine, la grazia di un brano musicale, l'autenticità di un gesto. Ma soprattutto lo stupore di qualcosa che ci "rapisce", la voglia di appartenenza a un mondo che abbiamo scoperto attraverso la storia e che sentiamo nostro, il desidero di ripetizione: non solo vogliamo stare in quel mondo, ma lo vogliamo ancora e ancora. "Ci credo in quello che mi hai detto e voglio partecipare anche io" potrebbe essere la sintesi finale.

Per questo siamo poi disposti a investire denaro nell'acquisto di prodotti e servizi, tempo nel fare la coda negli store fisici o virtuali, risorse nel cercare proprio quell'oggetto e non un altro.

Le *storie che incantano* disorientano e strabiliano. Pensavi di ascoltare *X* e invece arriva *Y*. Lasciano esterrefatti: assaliti dalla meraviglia.

Credevi che tutto fosse pianeggiante e invece no, la maggior parte del Pianeta è ricoperta da un liquido azzurro che ribolle, gorgoglia e persino minaccia.

A volte possono sconcertare e suscitare incredulità, le *storie che incantano*. Ma quando le ascolti o le guardi o ne sei in senso lato testimone, oltre che a bocca aperta ti lasciano di stucco, imbalsamato, impietrito, a occhi sbarrati, di sasso. Qualcuno dice anche: stecchito o steso.

Perché ti sto parlando di *storie che incantano* per il business, per il branding, per le attività commerciali? Semplice: viviamo in un momento storico che molti definiscono "era narrativa", altri "fiction economy", dove la parte simbolica, emotiva e valoriale della realtà ha la meglio su quella utile e funzionale. Non che quest'ultima non sia importante. La qualità "oggettiva" ci deve sempre essere, ma non è questa che adesso fa la differenza. La differenza la fa il *racconto* che riesci a costruire intorno a te, la tua impresa (che non necessariamente è la tua azienda), i tuoi prodotti e servizi.

Siccome però oggi molti *competono narrativamente*, cioè hanno capito che la narrazione è un asset strategico nel business e una competenza chiave nel branding, non basta nemmeno più saper raccontare. Diventa rilevante saper raccontare *storie che incantano*.

INCANTARE[1]

= *lat.* Incantàre, composto dalla particella IN e CANTàRE, intensivo di cànere, *cantare, cantare in versi*, ed anche *vaticinare, fare incantesimi*, per la stessa relazione di idee per la quale il *lat.* càrmen *carme, canzone* ebbe pure il senso di formula magica, in quanto appunto gli indovini si servivano del canto e di versi numerati nelle loro predizione e nei loro incantesimi. [...]
metaf. Guadagnare l'animo di qualcuno; *fig.* Sorprendere e quasi sbalordire per la meraviglia, detto per lo più delle cose che piacciono in sommo grado.

L'incanto serve per distinguersi nei mercati saturi e nel rumore dei tanti contenuti che fruiamo ogni giorno online e offline. Teniamo presente che di solito guardiamo lo smartphone ogni 5 minuti per almeno 30 secondi di media. Questo significa che in una giornata maneggiamo direttamente 144 volte lo "schermo nero" e che quindi oltre 70 minuti, cioè più di un'ora al giorno, li passiamo a scrutare i nostri device mobili. E stiamo parlando di valori intermedi e di uno solo dei tanti media. Se ci aggiungiamo stampa, tv, radio, cinema, networking relazionale... abbiamo un quadro della mole di contenuti che fruiamo ogni giorno. Tanto che la nostra soglia di attenzione si sta abbassando. In tutto questo come possiamo sperare di essere ascoltati e visti? Per forza ci vogliono storie capaci di incantare.

[1] Cfr. Ottorino Pianigiani, *Vocabolario etimologico della lingua italiana*.

Ma come si costruiscono *storie che incantano*?

Ci sono regole e architetture da seguire? Sì.

Seguimi e lo scopriremo insieme. Sono qui per aiutarti a perfezionare il tuo racconto di vita, marca o prodotto. O forse trovarlo, se ancora non ce l'hai. Adesso fermati e prova a ritrovare quel sentimento di stupore.

Prima di progettare e scrivere storie che fanno rimanere a bocca aperta, devi recuperare la potenza, la gioia e la sorpresa di quel sentire.

PARTE 1
STORY-DRIVEN MARKET. IL FATTORE NARRATIVO NEI MERCATI

CAPITOLO 1
RACCONTI E MERCATI: BENVENUTI NEL "CONTENT CONTINUUM"

"Coloro che sognano di giorno sanno molte cose che sfuggono a chi sogna soltanto di notte."

EDGAR ALLAN POE

Partiamo dall'inizio. Prima di buttarci a ideare la tua storia che incanta, cerchiamo di capire perché oggi tutti parlano di *storytelling*, narrazione, persino *fake news*, confondendo tantissimo termini, processi e situazioni.

Recentemente, nel novembre 2017 per essere precisi, è diventato virale sul web un video, intitolato *Used Car Commercial // 1996 Honda Accord*. Si tratta di uno spot pubblicitario realizzato dal videomaker Max Lanman per aiutare la sua ragazza a vendere la sua auto usata, una Honda Accord del 1996 per l'appunto. Strano, vero?

Di solito chi si trova a vendere oggetti usati mette semplicemente qualche foto sul web, cercando di rassicurare sul fatto che il prodotto in questione non è consunto o rovinato come sembra.

Eppure l'idea di Max si è rivelata vincente: quell'automobile del 1996, che aveva macinato più di 240.000 chilometri, era stata messa all'asta per 499 dollari. È stata (ri)venduta a 32.000.

Come è stato possibile?

La risposta è semplice: Max "sogna di giorno" e ci ha raccontato una storia. Una *storia che incanta*.

La protagonista del video, lo capiamo subito, è una che fa le cose a modo suo. Non si vergogna di certo di guidare una vecchia auto, ascoltando la musica col mangiacassette e bevendosi caffè bollente da una grossa tazza colorata. Ce lo dice Max, per mezzo della sua voce narrante:

> Tu sei diversa, tu fai le cose a modo tuo e questo fa di te una persona unica. Tu non hai bisogno delle cose, tu hai già te stessa. Non ti interessa dei soldi, hai tutto ciò che hai sempre voluto. Non apprezzi le cose per come appaiono, le apprezzi perché funzionano. E questa, questa non è una macchina, questa sei tu. Uno stile di vita, una scelta, la tua scelta. Una macchina per le persone che hanno realizzato la propria vita, e hanno bisogno di una macchina solo per andare da qualche parte.

Figura 1 Screenshot tratto dal video *Used Car Commercial // 1996 Honda Accord.*[2]

Luxury is a state of mind, conclude il video.

Max Lanman non ci sta vendendo un'automobile, ci sta proponendo un universo narrativo fatto di valori, temi esistenziali, sentimenti, esperienze. Una *storia,* insomma, che diventa *attitudine* e *stile di vita.*

Questo è il potere delle storie che incantano: riescono a trasformare una vecchia automobile usata in un oggetto desiderabile, in qualcosa che può rappresentare in modo autentico la nostra identità.

[2] https://www.youtube.com/watch?time_continue=71&v=4KlNeiY4Rf4.

Max Lanman non è solo un videomaker, è CEO di un'agenzia di comunicazione californiana e ha lavorato per brand come Microsoft, per citarne uno. La ragazza protagonista del video, che si ferma a guardare il tramonto seduta sul cofano della sua Honda Accord, non è la vera fidanzata di Max, ma l'attrice Anne Marie Avey. Eppure di tutto questo a noi non importa quando ascoltiamo la storia. A noi arriva diretto e nitido il messaggio che questo racconto di vita ci vuole trasmettere: tu sei diversa, unica, sei tu.

Questa storia ci insegna, molto più di mille modelli e slide, che il branding e persino la generazione di valore economico oggi passa per la capacità di raccontare. Perché?

Primo, perché i mercati si aspettano narrazione. Secondo, perché ormai viviamo in una dimensione di *continuità contenutistica:* contenuti dappertutto, frammentari e complessi, visivi, fotografici, cartacei, virtuali, digitali, espansi... con cui produciamo valore.

In questa dimensione di *content continuum* le *storie che incantano* toccano le *aspettative finzionali* dei mercati ma soprattutto delle persone.[3] Sai raccontare storie così?

ASPETTATIVE FINZIONALI DEL MERCATO

C'è stato un tempo in cui consumatori, compratori e decisori finali erano rappresentati come agenti lineari nel mercato, mossi da una razionalità pratica e da una esigenza di utilità.

Quello che si vendeva o proponeva a un eventuale "compratore" di servizi e prodotti doveva essere fondamentalmente pratico, vantaggioso e utile. Ora dimmi, quando mai negli ultimi anni hai comprato in questo modo? Ecco, bene.

Sai anche tu che, purtroppo o per fortuna, non viviamo più in mercati lineari, facilmente prevedibili. Né tantomeno possiamo ba-

[3] Cfr. S. Calabrese, *La fiction e la vita. Letteratura, benessere, salute*, Mimesis Edizioni, Milano 2017. S. Calabrese (a cura di), *Narrare al tempo della globalizzazione*, Carocci editore, Roma 2016.

sare la nostra organizzazione del lavoro e della comunicazione commerciale sull'idea di un consumatore razionale che sceglie in base al prezzo e all'utilità di una marca o un prodotto.[4]

Una fesseria clamorosa anche in tempi di crisi, anzi soprattutto in tempi di scarsità. Certo il prezzo conta, per carità, ma contano ancora di più i simboli, i contenuti, i valori, i messaggi e le esperienze che un prodotto o una marca portano con sé nel *content continuum*. Amazon lo sa bene e non è un caso che inserisca narrazioni dei propri pubblici nei suoi spot, come questa:

> Ho comprato questo skateboard per mio figlio che ha undici anni. È troppo una tentazione per non provarlo. Non ho potuto resistere. Infine l'ho dovuto restituire al legittimo proprietario. E adesso lui non può farne più a meno.

Figura 2 Screenshot dello spot Amazon dedicato al Ridge Skateboard Mini Cruiser.[5]

Il prodotto-skateboard sparisce di fronte alla "tentazione", al "non resistere", al "tornare bambini" per un momento. In sintesi, proponi

[4] Cfr. https://www.mpg.de/9354212/fictional-expectations-economic-developments.

[5] https://www.youtube.com/watch?v=KSR8sy-c1-Y.

meglio prodotti, servizi o marche se hai un racconto da affidare al tuo pubblico. Una *storia che incanta* può sollevare il morale, suscitare una lacrima o un sorriso, far aprire un portafoglio.[6]

Ormai è da molto tempo che si parla di "economia delle esperienze" e di finanza simbolica. Se prima si trattava di belle parole pronunciate da sedicenti guru del marketing e dell'economia, oggi sono ferree leggi delle dinamiche di creazione del valore, insieme ovviamente alle più classiche questioni da filiera (prezzo, posizionamento ecc.). Le conosci?

Con l'esplosione del web e dei social media la componente emozionale e narrativa è decisamente predominante sulle classiche dimensioni di razionalità, praticità e utilità. E così ci ritroviamo a competere con gattini, bufale e contenuti visivi e testuali di tutti i tipi.

Il content continuum fatto di iper-contenuti

Sappiamo tutti molto bene di vivere in un mondo interconnesso, dove ciascuno di noi produce un'enorme quantità di dati e informazioni che riversiamo sul web e sui social media e da cui, a nostra volta, assorbiamo informazioni prodotte da altri. Meno scontato è rendersi conto che in queste interconnessioni la maggior parte delle informazioni che circolano sono fruite attraverso format narrativi.

Non è facile rendersi conto in termini numerici di cosa questo significhi. Invece, prendere coscienza di quanto sia ricco di contenuti il mondo in cui viviamo, dove il confine tra reale, virtuale e *finzionale* si fa sempre più sottile, è di importanza vitale per capire come costruire le (nostre) *storie che incantano*.

Oggi più che mai le storie sono diventate cibo. Nutrimento per le nostre anime e i nostri sistemi culturali e cognitivi. Calorie per i nostri cuori e sostentamento per i nostri progetti.

Quindi, prima di entrare nelle ingegnerie del racconto, ti voglio presentare qualche dato.

[6] Cfr. B. Boyd, *On the Origin of Stories. Evolution, Cognition, and Fiction*, Harvard University Press, London 2009.

Nel 2017, ogni minuto, sono state inviate 156 milioni di e-mail. Ogni minuto, sono stati guardati 4,1 milioni di video su YouTube. Ogni minuto, sono stati inviati 452.000 tweet. Ogni minuto, sono stati spesi online 751.522 dollari. Questi sono solo alcuni numeri che indicano la quantità enorme di informazioni che ogni giorno compaiono in rete: il grafico completo elenca anche i dati relativi a Facebook, Instagram, Spotify e altri.

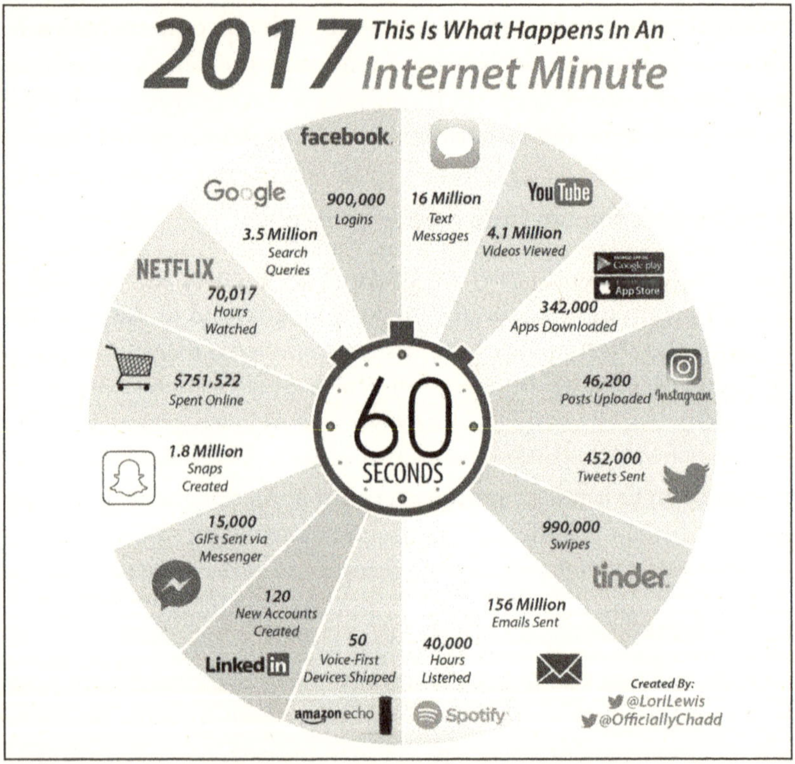

Figura 3 Elaborazione di Lori Lewis (Vice President Social Media) e Chadd Callahan (Director of Digital Programming) di Cumulus Media.[7]

[7] Cumulus Media è una delle maggiori aziende di telecomunicazioni americane, seconda per stazioni radio AM e FM detenute.

Una mole incredibile di informazioni, insomma, in cui ogni giorno ci immergiamo tramite i nostri diversi device e "sogniamo ad occhi aperti".

Non è un caso che Lori Lewis stessa, che annualmente realizza questo grafico con Chad Callahan, l'abbia introdotto sul suo profilo Twitter così: "Cosa fa il tuo pubblico quando non ti sta ascoltando".[8]

Da qui, una considerazione: noi che vogliamo raccontare (i nostri prodotti, i nostri brand, noi stessi) non dobbiamo trovare un modo di far sentire la nostra voce forte e chiara, per questo basterebbe urlare più forte degli altri. Cosa che tutti provano a fare. Dobbiamo solo *connetterci* meglio agli altri.

Le storie sono dei dispositivi potenti che hanno proprio questa capacità di imprimersi nel cuore e nella mente del nostro pubblico e servono a questo: stabilire connessioni e nutrimento. Non verrete ricordati per aver gridato più forte, ci sarà memoria di voi perché avrete nutrito e stabilito un legame con delle *moving stories*. Storie con iper-contenuti[9]: argomentazioni di alta qualità e nutrienti. Per questo lo storytelling non può essere un esercizio di stile e di bravura, ma una assoluta *necessità*.

STORYTELLING – DEFINIZIONI

Cos'è lo storytelling?

- Una risposta alla necessità di connettersi in modo unico con i propri pubblici.
- Una strategia da adottare a monte, da cui poi discende la pianificazione, lo sviluppo e la distribuzione dei nostri contenuti sui diversi canali.

[8] Dal profilo Twitter di Lori Lewis, @lorilewis, https://twitter.com/lorilewis/status/839475921035874306

[9] Cfr. F. Gavatorta, A. Maestri, *Content evolution. La nuova era del marketing digitale*, Franco Angeli Edizioni, Milano 2015.

- Un set da possedere, coltivare e sviluppare a livello individuale e organizzativo.
- Un approccio che orienta scelte di comunicazione e posizionamento di marca e prodotto.
- Una disciplina.

Cosa *non* è lo storytelling?
- Un tocco decorativo per rendere più accattivante un contenuto già deciso.
- Un rimedio *ad hoc* per migliorare *una tantum* le performance di un singolo canale o contenuto.
- *Content marketing* o *content curation*.

Recentemente è stata condotta da HyperContentLab una delle prime ricerche in Italia sullo stato dell'arte del content marketing e delle dinamiche narrative nel nostro Paese.[10]

La *survey*, composta da trenta domande, ha raccolto la partecipazione di sessantasei rispondenti tra i *decision maker* aziendali divisi tra donne (56,7%) e uomini (43,3%), dipendenti sia di PMI (62,1%, tra cui il 21,6% micro-imprese con meno di dieci collaboratori) che di realtà con più di duecentocinquanta persone (37,8%).

I settori più rappresentati in questa prima survey sono stati l'automotive, il food&beverage, il tech.

Ecco di seguito alcuni dati interessanti che fanno riflettere:
- L'anno di nascita medio dei rispondenti è il 1981.
- Tra i *job title* spiccano marketing&communication manager, digital manager, head of digital / head of content marketing, manager dei social media.
- Più di tre quarti delle persone intervistate dichiara che la

[10] Per un approfondimento rimando a:
http://www.ninjamarketing.it/2017/02/06/stato-digital-content-marketing-italia-hypercontent-lab-francesco-gavatorta-alberto-maestri/
e anche: http://www.hypercontentlab.com.

propria azienda ha implementato una strategia di content marketing sui media digitali.

- L'approccio che prevale è di internalizzazione/diretta gestione sia totale (33,3% dei casi) che parziale (63,9%), ovvero con l'aiuto di partner esterni – società di consulenza e/o agenzie.
- Più del 40% dei rispondenti dichiara di dedicare alle attività di digital content marketing in azienda dalle 6 alle 15 ore lavorative alla settimana; quindi la modalità di gestione del digital content marketing è fatta secondo processi e meccanismi "manuali" e *people-intensive*.
- La maggior parte dei rispondenti considera nel proprio *channel mix* i social network, seguiti (a distanza) dal sito web aziendale e dall'e-commerce. In relazione ai *digital contents*, le tipologie più utilizzate sono le immagini/fotografie, gli aggiornamenti sui social network e i video.

I principali obiettivi di queste attività sono:

- *marketing e brand image*: la maggior parte dei professionisti coinvolti nella survey dichiara che la strategia di contenuto ha tra i suoi fini l'aumento del livello di conoscenza e notorietà dell'azienda, del brand, del prodotto specifico ecc., nonché un impatto positivo sulla reputazione aziendale e sul branding;
- *digital leadership*: il miglioramento del posizionamento nella mente delle persone raggiunto attraverso il primo punto si declina in ambito digitale con la volontà di incrementare sia il *ranking* sui principali motori di ricerca che il traffico sugli *asset* aziendali online (e-commerce, campagne ecc.);
- *information*: infine, la condivisione con clienti e utenti di informazioni utili e preziose per le proprie attività quotidiane è uno degli altri desiderata che i rispondenti sperano di poter raggiungere attraverso il content marketing sui canali digitali.

Iper-contenuti ovunque. Lo storytelling dunque non è un rimedio *ad hoc*, l'ingrediente decorativo che aggiungiamo alla nostra ricetta ormai ultimata, ma è una *strategia* e come tale si deve innestare a monte del nostro brand, non certo a valle.

STORYTELLING O CONTENT MARKETING?

Me lo chiedono tutti i giorni. E anche voi ve lo starete chiedendo.
Lo storytelling è content marketing? No. Tutte le storie sono e possiedono contenuti. Non tutti i contenuti sono storie o si presentano in forma narrativa.
Quindi chi fa content marketing o content curation fa una nobile attività, ma non fa e non si occupa di storytelling. Di solito il content marketing serve per creare contenuti che fanno vendere. Lo storytelling serve per creare iper-contenuti (cioè significati) che generano legami con il pubblico e un destino comune, che di solito scaturisce dall'adesione all'universo narrativo di marca (con il conseguente *selling*).
Lo storytelling è prima di tutto un *mindset*. Un modello di pensiero da sviluppare nel nostro content continuum.

Il day-dreaming e la narrazione più reale del reale

Applicare lo storytelling e iniziare a raccontare noi stessi con le nostre uniche e personali *storie che incantano* significa andare ad agire su una componente emozionale e ispirazionale che coinvolge tutti noi.

Apriamo Facebook e leggiamo un post che ci fa commuovere, scorriamo Instagram e vediamo la foto di un Paese esotico che sogniamo di visitare, guardiamo un video su YouTube e in pochi secondi ci immergiamo nel racconto visivo che ci viene fatto.

Non solo, applicare lo storytelling significa anche confrontarsi tutti i giorni con il *day-dreaming*: il sogno a occhi aperti, lo stato psicologico tipico della nostra digital e social life.

Molti studi recenti hanno infatti messo in evidenza che gran parte della nostra vita quotidiana (si stima almeno 8 ore delle circa 16 di veglia) – e molta di quella che noi passiamo online (almeno 2,5 ore) – non è vissuta in uno stato psicologico lucido e razionale, piuttosto in uno stato neuro-funzionale simile al sogno, solo che abbiamo gli occhi aperti e siamo in questa realtà cosiddetta "normale".[11]

Ormai sono le emozioni profonde e il day-dreaming la forza motrice che spinge il motore dei nostri comportamenti comunicativi (social e non solo) e questi stati neuro-funzionali e cognitivi possono essere tanto positivi quanto negativi. D'altronde "coloro che sognano di giorno sanno più cose", come ci ricorda Poe, citato all'inizio del capitolo.

ESERCIZIO: IL MIO DAY-DREAMING *ON LIFE*

Per capire l'importanza dei "nuovi" stati cognitivi che frequentiamo quando viviamo e/o lavoriamo prova a fare questo esercizio.
Calcola nelle tue ore di veglia:

- Quante volte hai consultato lo smartphone?
- Cosa hai guardato in questa consultazione?
- Quante volte sei andato online anche con altri device oltre allo smartphone (PC, tablet ecc.)?
- Quante ore in tutto hai passato *on life* tra smartphone e altri device?
- Quanto sei dipendente dalla relazione con i tuoi device?
- Cosa pensi quando sei *on life*?
- Cosa provi (quali emozioni) nel tuo viaggio *on life*?

Queste stesse questioni ed esperienze valgono anche per i tuoi clienti, consumatori, stakeholder ecc.

[11] Per approfondire questo dibattito consiglio: D. Herman, *Storytelling and the Sciences of Mind*, The MIT Press, Cambridge 2013. W. Hirstein, *Brain Fiction: Self-Deception and the Riddle of Confabulation*, The MIT Press, London 2005. P. C. Hogan, *The Mind and its Stories: Narrative Universals and Human Emotion*, Cambridge University Press, Cambridge 2003. A. Fontana, *#IoCredoAlleSirene. Come vivere (e bene!) in un mare di fake news*, Hoepli, Milano 2017.

Oggi non puoi fare nessuna attività di business senza considerare questa dimensione che secondo alcuni studi sconfinerà sempre di più nella condizione della *simulazione*: pensa a quando i device di realtà aumentata amplificheranno contenuti ed esperienze legate a marche e prodotti. Sta già succedendo. Tu dove sei?

Tabella 1 Aspettative razionali e narrative dei mercati (rielaborazione)[12]

Tipi di mercato	Situazione	Modelli di azione	Basi decisionali
Stabili	Certezze e previsionalità	Statistiche e matematiche basilari	Razionalità
Instabili	Complessità	Management e direzione d'impresa	Utilità Esperienze
Caotici e in turbolenza critica	Incertezza, finzione, simulazione	Management + following + counterfactual thinking	Resilienza Narrazione Biografismo social Day-dreaming

Ora ascoltami perché devo farti un piccolo test. Non ti preoccupare sono solo due domande a cui devi rispondere. Ma sii sincero/a.

La prima domanda è questa. In quale mercato stai vivendo? Stabile e tranquillo, in cui basta metterti seduto con un paio di fogli Excel per prevedere con sicurezza quelle che saranno la tue vendite e la conseguente fatturazione trimestrale, o ti trovi in un contesto caotico e turbolento?[13]

[12] Cfr. http://www.maxpo.eu/downloads/beckert-2.pdf.

[13] Cfr. J. Birkinshaw e J. Ridderstråle, *FastForward. Imprese e leader ad avanzamento rapido per cogliere il futuro al volo*, ROI Edizioni, Macerata 2018.

Seconda domanda: pensi che la base decisionale dei tuoi interlocutori (clienti, fornitori, stakeholder vari) sia la sola ragione utilitaristica oppure credi che contenuti emotivi, esperienze di vita personale, costante networking biografico tra pubblici influenzino le tue dinamiche di branding e business? E che quindi – proprio per questo – la capacità comunicativa e narrativa sia oggi un asset strategico fondamentale?

Bene, siccome credo che tu abbia dato certe risposte, forse adesso comprenderai meglio la Tabella 1.

Non l'ho inserita per un vezzo editoriale. Ma perché anni di esperienza sul campo sia con miei clienti diretti sia con quelli del gruppo Storyfactory, oltre che diversi studi in corso, testimoniano come i mercati che abitiamo siano caotici e gli stakeholder di tutti noi siano continuamente sottoposti a processi di:

- *resilienza:* sono chiamati a cavarsela costantemente quindi sono sottoposti a continui processi di cambiamento e adattamento;
- *narrazione:* mediamente guardano lo smartphone ogni 7 minuti, cioè oltre 250 volte al giorno e fruiscono di contenuti altamente emozionali, basati su racconti di vita (veri o finti poco importa, basta che siano significativi e verosimili);
- *biografismo sociale:* leggono, comprano, fruiscono prodotti e servizi in base anche all'opinione altrui – anche se l' "altro" non rientra nelle conoscenze personali dirette. Soprattutto acquistano in base all'esperienza biografica condivisa;
- *day-dreaming:* stati cognitivi alternativi dove l'intelligenza narrativa, emotiva e sociale hanno la meglio sull'intelligenza razionale. E dove siamo sempre *on life*, cioè all'interno di una dimensione di vita in cui non è più possibile distinguere nettamente mondo digitale e mondo reale.

Spero sia più chiaro adesso perché le attività di branding, promozione e vendita nelle economie contemporanee si basano sull'incertezza, sulle *aspettative finzionali* del mercato e su risultati (processi, prodotti, servizi, marche) dove l'immaginario la fa da padrone.

E dove le *storie che incantano* ci attraggono e rapiscono.[14]

CHECK LIST DI AUTOVALUTAZIONE

Nelle mie attività di branding...

- Sono consapevole del content continuum?
- Ho una strategia e degli strumenti di ascolto e analisi del content continuum?
- Ho una narrazione da portare nel content continuum?
- Cosa voglio raccontare di me?
- A chi voglio raccontare?
- Quali temi porterò avanti?
- Con quale strategia media?

[14] Cfr. J. Sassoon, *Web storytelling. Costruire storie di marca nei social media*, Franco Angeli Edizioni, Milano 2012.

CAPITOLO 2
FICTION-ABILITY. COSA SONO LE STORIE CHE INCANTANO

"Non ha importanza chi eravamo.
Conta solo chi siamo ora."

JULIET BURKE, *Lost*

Le *aspettative finzionali* e i risultati di immaginario a loro volta sono la conseguenza di specifiche ingegnerie del racconto. A dirlo non è uno sprovveduto poeta, ma una delle più innovative scuole di economia europee capitanate da Jens Beckert, Direttore del Max Planck Institute for the Study of Societies e membro della facoltà di Economia e scienze sociali dell'Università di Colonia.[15]

Viviamo in società e ambienti digitali dove continuamente riscriviamo le nostre identità individuali e di gruppo oltre che le nostre relazioni di valore.

> La finzione e il racconto lungi dall'essere estemporanei momenti dell'incertezza sul futuro, sono oggi elementi costitutivi delle dinamiche capitalistiche, inclusi le crisi economiche.[16]

Il branding e il consumo contemporaneo sono pesantemente influenzati dalla *fiction economy,* dai modi narrativi in cui le attività

[15] Cfr. J. Beckert, *Imagined Futures: Fictional Expectations and Capitalist Dynamics,* Harvard University Press, Cambridge (Massachusetts) 2016.

[16] Cfr. J. Beckert, *Imagined Futures*, cit.

di creazione del valore reputazionale e comunicativo di una persona, di una marca o di un prodotto vengono creati. D'altronde in un contesto sociale e di mercato sotto turbolenza critica non potrebbe essere altrimenti.

Quello che siamo oggi chiamati a fare non è più solo vendere un prodotto. Ma offrire una *trama specifica*, un ecosistema di contenuti (testuali e visivi) che emozioni e dia significato. Non importa che il tuo prodotto sia una merenda al cioccolato, una polizza assicurativa o semplicemente la tua carriera professionale da riposizionare. Conta che i tuoi contenuti arrivino in forma narrativa, declinati e diluiti in una precisa strategia temporale, su diversi media scelti *ex ante* e non *ex post* la tua strategia.

La fiction-ability per i mercati

Costruire un *plot* e un universo narrativo intorno alla merenda, alla polizza o al tuo curriculum è complicato perché devi farlo nel tempo, ti devi attrezzare per poter raccontare la tua marca, il tuo prodotto, i tuoi servizi non una volta per sempre, ma più volte in diversi periodi o momenti dell'anno.

È questa la *storynomics,* la grande capacità di creare *affezione* e *incanto* intorno a un bene di consumo, a un soggetto o un oggetto di valore nel *legame* di tempo e relazione.

In una parola, oggi dobbiamo avere la capacità di creare narrazioni, o come dicono i socio-economisti narrativi: *fiction-ability*.[17]

Lo scopo non è *solo* il denaro ma l'aumento costante delle possibilità. Non c'è dubbio che il denaro sia ossigeno per le grandi aziende, le PMI o le imprese individuali, ma oltre all'ossigeno abbiamo bisogno di tantissime altre cose per vivere come esseri umani. Per esempio? Di quello a cui ci affezioniamo.[18]

[17] Cfr. J. Beckert, *Imagined Futures*, cit.

[18] D. McCloskey, *Storytelling in Economics*, in D. Lavoie (a cura di), *Economics and Hermeneutics*, Routledge, New York 1990.

Pensa alle cose a cui sei legato. Hanno fatto parte della tua vita, ti hanno accompagnato nei momenti più importanti. La collana sfoggiata quella sera, la foto in bianco e nero che tieni in tasca, lo zaino con cui hai fatto quella vacanza avventurosa.

Da questi oggetti non ti separeresti mai, sono parte della tua storia di vita. Per noi hanno un valore inestimabile perché non sono più semplici oggetti, ma sono custodi dei nostri ricordi, delle emozioni che abbiamo provato quando erano lì con noi. Se quando li abbiamo comprati ci avessero detto quanto ci saremmo legati a loro, forse non ci avremmo creduto.

Di Apple possiamo comprare un iPhone, un MacBook o un paio di auricolari wi-fi. Qualsiasi racconto venga utilizzato per questi prodotti, stai pur certo che sarà sempre coerente col racconto complessivo dell'azienda. Quando apriamo la scatola del nostro nuovo iPhone, non stiamo semplicemente aprendo la scatola di un cellulare, ma stiamo entrando in un mondo che ci ha affascinato e colpito. Compriamo un prodotto Apple perché le emozioni, le sensazioni, quello che il brand ci ha comunicato, ci ha fatto dire *anche io voglio farne parte.*

A proposito, hai notato come Apple e anche altre marche (per esempio Kenzo o Under Armour) stanno usando la *danza* nel loro racconto di brand?

Proprio Apple ha lanciato per il Natale scorso (2017) un corto promozionale dal titolo *Sway* (ondeggiare, piegare) dove i protagonisti – che si innamorano sulle note di *Palace* di Sam Smith – sono una coppia anche nella vita reale: i due ballerini che la Apple ha scelto per promuovere i suoi prodotti si chiamano infatti Lauren Yalango-Grant e Christopher Grant e sono marito e moglie.

Ecco cosa fanno le *storie che incantano*: costruiscono un legame narrativo che ci porta a dire *ne voglio fare parte anche io* e per questo sono disposto a investire del denaro. Ossigeno... certo e poi acqua, cibo, divertimenti, amicizia, sesso, amore, carriera, danza, potere, cadute, riprese, lavoro, impegno, tradimenti, gelosie, invidie, gioie, successi, fallimenti, figli, nipoti, maestri, allievi... e tutte le altre cose che rendono la vita degna di essere vissuta oltre l'aria che respiriamo.

Figura 4 Screenshot tratto dallo spot Apple Sway.[19]

UNA DISTINZIONE IMPORTANTE:
LA TUA STORIA NON È IL TUO RACCONTO

Storia e racconto. Tendiamo a confondere e scambiare questi due vocaboli, che in realtà hanno una differenza importante. Dizionario etimologico alla mano, ecco qui l'etimo di ***storia***:

Stòria, *s. f.*, esposizione critica di fatti relativi all'origine di un'attività umana; Radice latina *historia*, gr. *Historìa* "sapere; indagine; racconto, storia", connesso con ìstor, "colui che ha visto e quindi sa", a sua volta dalla radice indoeuropea *wid che si ritrova nel latino *video*, "vedere".

Quando parliamo di *storia* quindi facciamo riferimento a una serie di fatti oggettivi e concreti – che infatti sono tramandati da qualcuno che *ha visto* – narrati in modo sistematico e critico. Pensaci: a scuola studiamo "storia" del Medioevo, non "racconto" del Medioevo.
Nonostante l'etimo di *storia* sia connotato in modo molto preciso,

[19] https://www.youtube.com/watch?v=1lGHZ5NMHRY.

nella nostra lingua è diffuso anche l'utilizzo di questo vocabolo come sinonimo di ***racconto***, tant'è vero che quando un bambino vuole ascoltare una favola, ci chiede "raccontami una storia".
Naturalmente anche la storia può essere raccontata, ma allora entrano in gioco una serie di elementi tipici del racconto che trasformano quell'elenco piatto di date e avvenimenti in una saga avvincente.
Il racconto è un'altra cosa.
Il **racconto** è una narrazione di contenuto fantastico o realistico. È una *rappresentazione* scritta, visiva, sonora di fatti che possono essere accaduti o meno. In quanto rappresentazione, un racconto porta sempre con sé: un punto di vista specifico sul mondo, dei valori riconoscibili, comportamenti e sentimenti indicati e di solito una morale finale.
In realtà la lingua inglese è un po' più precisa dell'italiano nel distinguere semanticamente le due sfumature che noi coniughiamo nell'unica parola *storia*, utilizzando infatti due vocaboli distinti: *history*, che fa riferimento al significato etimologico di *storia* (pensa al famoso canale televisivo History Channel), e *story*, che invece accoglie la sfumatura legata all'ambito del racconto.
Tieni sempre a mente *history* e *story*, e sono certo che da oggi ti divertirai a cogliere questa sfumatura e l'uso intenzionale nell'inglese: se il libro che stiamo sfogliando in libreria si intitola *Story of the world* di certo l'autore intendeva scrivere qualcosa di diverso rispetto a *History of the world.*

COSA SONO LE STORIE CHE INCANTANO

I racconti che ci ispirano e toccano permettono il nostro *tirocinio esperienziale*. Sono format di avviamento cognitivo. Mezzi con cui ci immedesimiamo negli altri e comprendiamo cose di noi stessi. Dispositivi di simulazione della vita.

Le *storie che incantano* sono: *iper-contenuti* (contenuti profondamente significativi) che vengono proposti sotto format narrativi o attraverso regole del racconto a un pubblico specifico che entra in risonanza con questi stessi formati comunicazionali.

Da questo punto di vista, *contenuti significativi* oggi sono sia i testi, sia le foto e i video con cui costruiamo e condividiamo le nostre attività di branding. Attraverso questi contenuti proponiamo i nostri servizi, i nostri prodotti e le nostre marche. E vedremo più avanti che possono essere costruiti con precise geometrie e architetture.

Di conseguenza dobbiamo saper raccontare perché, vivendo in economie e sistemi finanziari-sociali sempre più basati su queste dinamiche, è necessario diventare capaci di entrare in risonanza con il nostro pubblico prima di tutto su *narrazioni di vita*.[20]

Tu mi segui e mi compri. Io ti metto a disposizione qualità, prezzo e significato, cioè iper-contenuto e racconto, tanto da permetterti di regolare meglio la tua esistenza ed essere un miglior protagonista della *tua* storia di vita.

Hugh Watson in un recente articolo sul *Business Intelligence Journal*[21] rispetto a una dinamica narrativa ha scritto che è necessario:

- essere focalizzati sulla propria *story*, cioè sul proprio racconto di marca, prodotto, vita;
- conoscere le *biografie* del proprio pubblico;
- stabilire una precisa *esperienza-setting* di racconto che ci lega al pubblico;
- definire tutti gli *elementi* del racconto (contenuti, visual, strumenti ecc.);
- mostrare i *risultati* e il *futuro*.

Stai per imparare a raccontare *storie che incantano* al tuo pubblico. Devi essere consapevole del fatto che i tuoi racconti possono essere confortanti come una carezza o taglienti come lame. Ma soprat-

[20] Cfr. J. S. Bruner, *La fabbrica delle storie. Diritto, letteratura, vita*, Laterza, Roma-Bari 2006.

[21] Cfr. H. J. Watson, *Business Intelligence Journal*, vol. 22, n. 1, 2017.

tutto della responsabilità che questo comporta. Non si propone o condivide un destino se poi non si ha il coraggio e la volontà di andare fino in fondo.

IL PERCHÉ DEI RACCONTI: LO STORY-THINKING

Perché un racconto ci colpisce e perché oggi è necessario saper raccontare? La domanda non è banale e non lo è nemmeno la risposta, se vogliamo fare *branding narrativo* e aumentare le nostre possibilità di visibilità, posizionamento e valore.

Per rispondere dobbiamo occuparci di un nostro conoscente: il cervello. Come forse sai, è composto da diverse aree, ognuna predisposta a una specifica funzione: la corteccia motoria controlla il movimento, la corteccia visiva gli impulsi che arrivano dagli occhi, e abbiamo poi numerose aree deputate alla decodifica e comprensione del linguaggio.

Ogni istante della nostra vita è costantemente letto, interpretato e regolato da questo strumento perfetto. Eppure, c'è una cosa che fa andare in tilt questa macchina, che ci fa sentire brividi di freddo anche quando fuori c'è il sole, che ci fa commuovere anche quando siamo felici.

È la nostra capacità di immedesimazione.[22] Recenti studi definiscono l'immedesimazione come *counter-factual thinking* o anche *story-thinking*, pensiero contro-fattuale o pensiero narrativo. Ovvero quella capacità tutta umana di pensare contro ogni logica stringente. Immaginare, fantasticare, sognare, credere... appunto.

Ed è una cosa meravigliosa.

Ormai lo story-thinking e le abilità a esso collegate sono così diffuse che persino gli astronauti della ISS (la Stazione spaziale internazionale) o enti come la NASA ne fanno sfoggio e grande uso:

[22] Cfr. F. Rose, *Immersi nelle storie. Il mestiere di raccontare nell'era di Internet*, Codice Edizioni, Torino 2013. L. Zunshine, *Why We Read Fiction: Theory of Mind and the Novel*, Ohio University Press, Columbus 2006.

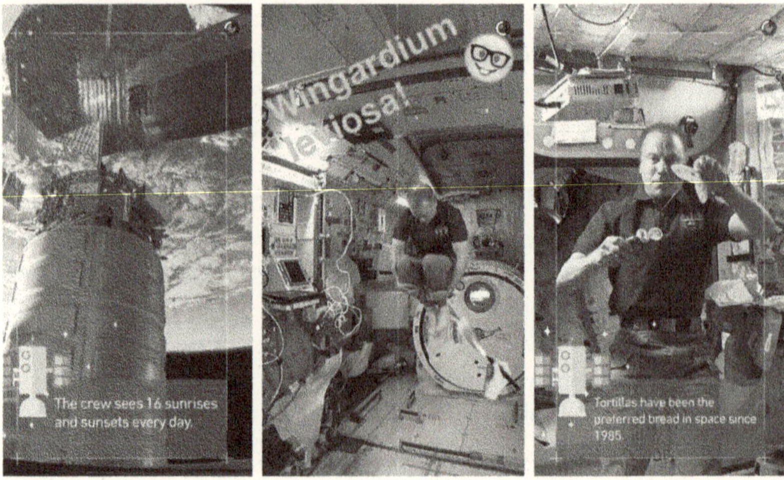

Figura 5 Stralci delle Snapchat stories dell'astronauta Tim Kopra, comandante della 47ª spedizione spaziale.[23]

Le finalità di organizzazioni come la NASA non sono certo di "spingere le vendite", ma di accrescere la reputazione e la consapevolezza del proprio brand e di evolvere la community di appassionati. Però se pensi che persino la NASA ne fa uso, ti rendi conto del *content continuum* che stiamo vivendo e attraversando.

Racconti simili o di altro tipo che possiamo trovare in libri, film, Instagram stories, post sui social, video, Snapchat, docu-fiction, tv talk, radio novel – o qualsiasi forma essi abbiano – hanno la straordinaria abilità di farci immedesimare, di farci provare quelle stesse emozioni e sensazioni che proveremmo se fossimo noi i protagonisti del racconto.

Quando Harry Potter si trova davanti per la prima volta Lord Voldemort in persona, è terribilmente spaventato. Noi non siamo lì con lui, Lord Voldemort nemmeno esiste, eppure è come se fossimo lì in carne e ossa accanto ad Harry. Lui è paralizzato dalla paura e così anche noi: i racconti sono capaci di attivare anche le aree del

[23] https://thenextweb.com/shareables/2016/05/17/nasa-iss-snapchat-live-story/.

nostro cervello che non solo sono strettamente legate al linguaggio, ma anche alla sfera motoria.

Visto che stiamo parlando di Harry Potter, non posso non ricordare il discorso tenuto dalla sua autrice, J.K. Rowling, durante la cerimonia di laurea ad Harvard nel 2008.

Come definisce J.K. Rowling, creatrice di uno dei mondi letterari e non solo più celebri e prolifici, l'immaginazione?

Così:

> L'immaginazione non è soltanto la capacità unicamente umana di figurarsi ciò che non esiste, e di conseguenza la fonte di ogni invenzione e innovazione: nella sua qualità forse più trasformativa e rivelatoria, è la forza che ci consente di provare empatia per esseri umani di cui non abbiamo mai condiviso le esperienze.[24]

L'immaginazione dunque ci dà, più di ogni altra cosa, il potere di immedesimarci. Ci identifichiamo in Harry Potter che combatte contro Voldemort, così come ci immedesimiamo nella spontanea e autentica fidanzata di Max Lanman che guida con sicurezza la sua Honda Accord, facendoci dire: *anche io sono così*.

E tu hai già sviluppato abilità di story-thinking e di fiction-ability?

QUANTE FORME PER LE STORIE CHE INCANTANO?

Non ci si racconta nel vuoto. Alla fine i nostri *iper-contenuti* vanno sempre a finire su una piattaforma o uno strumento. Le storie possono avere tantissime forme.

Una storia infatti può essere:

- cartacea: dalla pagina di un comunicato stampa a quella del libro, dal *leaflet* al cartellone pubblicitario, dal catalogo al magazine, dai CV ai biglietti da visita ecc.
- relazionale, orale: dal discorso pubblico a un evento alla chiacchera informale alla macchinetta del caffè, dalla perfor-

[24] J. K. Rowling, *Buona vita a tutti*, Salani Editore, Milano 2008.

mance motivazionale a una convention alla *lectio magistralis* a una conferenza ecc.;

- digitale: dalla struttura di un sito alla scrittura di un blog (aziendale e/o personale), dalla ideazione di un piano redazionale per un profilo social all'attività SEO, dall'e-mail alla newsletter, da Snapchat alle Instagram stories ecc.;
- visiva: dalla foto usata online/offline alla produzione di un video per YouTube, dall'immagine per un meme alla creazione di una docu-fiction ecc.;
- sonora: dal podcast al plot radiofonico, dall'intervista audio alla audio-storia ecc.;
- televisiva: dal film alla fiction, dall'intervista TV al reality show ecc.;
- fisica-spaziale: dall'arredo di uno store all'esperienza di visita a un museo, dal profumo in una boutique alle percezioni espanse della realtà aumentata.

Non ci sono limiti al format e allo stile che una storia può prendere.

Qui per esempio due stili di racconto molto diverso da parte di General Electric e Nike, entrambi coerenti per i rispettivi brand:

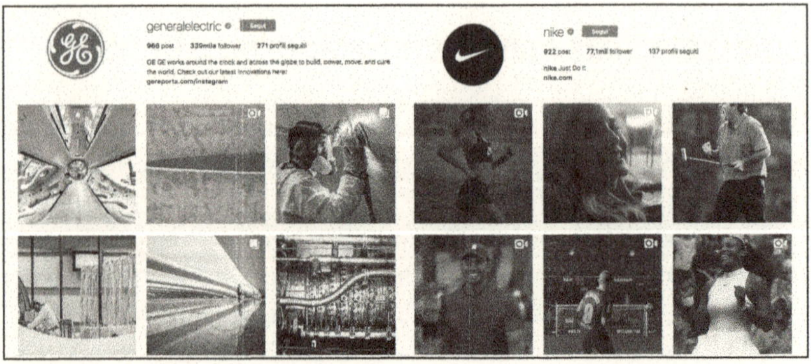

Figura 6 Screenshot dei canali Instagram di General Electric e Nike.[25]

[25] General Electric: https://www.instagram.com/generalelectric/?hl=it. Nike: https://www.instagram.com/nike/?hl=it.

Come puoi vedere, GE si rappresenta con un tono ingegneristico: immagini e testi tecnici. Nike si raffigura con uno stile più epico e performativo.

Ricordati però due cose.

La prima: il problema non è il *mezzo* che adoperi per raccontare ma il *come* decidi di costruire il racconto. Gli strumenti infatti sono sempre il risultato di un approccio e di un *mindset*.

Se non hai una *forma mentis* sviluppata in modo narrativo, difficilmente puoi fare cose di questo tipo:

Figura 7 Una fotocard realizzata da Always, azienda americana leader nel settore dei prodotti di igiene intima femminile.[26]

[26] https://www.facebook.com/always/.

È una semplicissima cartolina-fotografica realizzata dall'azienda Always sul suo canale Facebook. Ma come potete vedere è un manifesto alla narrazione. Quello che vedete è un vero e proprio set in cui c'è tutto, dalla giovane ragazza rappresentata in modo "politically correct" al messaggio chiave: prova, fallisci, impara (che fa parte di una precisa strategia di posizionamento narrativo). Dai colori con cui la scena viene rappresentata, in linea con il codice visivo aziendale, alla "moving story": "vai avanti #ComeUnaRagazza". Fino al testo esortativo del post stesso: "incoraggiala".

In altre parole puoi costruire un comunicato stampa classico-descrittivo oppure narrativo; puoi fare un podcast sonoro con le tecniche del racconto oppure realizzare un podcast tradizionale; puoi postare una bella foto di un panorama su un tuo profilo social (che non racconta nulla ma descrive esteticamente) oppure puoi creare una foto narrativa che lascia tutti senza parole e che dura in eterno; puoi fare un sito con tecniche ordinarie oppure usare la narrazione per posizionare la tua impresa o persona.

Devi solo comprendere e sapere che ci sono differenze profonde.

Nel secondo caso ottieni risultati migliori sviluppando un *mindset narrativo* che ti spinge a mescolare i diversi strumenti con cui ti racconti. Questo significa che una volta che avrai stabilito come raccontarti deciderai le "dosi" di narrazione da usare sui tuoi diversi canali.

Racconti brevi o lunghi?

Dipende. Se sei di fronte a un pubblico di mille persone in un TEDX o in una convention e devi giocarti tutto in pochi minuti, il racconto deve essere breve e coinciso.

Se vuoi costruire una relazione di lunga durata con i tuoi pubblici e per esempio ti sei dato dodici mesi di attività social con contenuti testuali e visivi, ovviamente la strategia di racconto deve essere diversa.

Devi almeno definire:

- cosa raccontare: che messaggi portare, con quali contenuti, con quale posizionamento;
- come: quali strumenti e linguaggi (video, docu-fiction, foto, testi, chat ecc.);
- quando: in che momento dell'anno, del mese e anche della giornata rilasciare i contenuti.

Per cui sarai tu a decidere i tempi del tuo racconto di branding. Ma indipendentemente da questo dovrai per forza fare un ragionamento specifico sullo schema anatomico del tuo racconto di marca, prodotto o vita.

CHECK LIST DI AUTOVALUTAZIONE

Nelle mie attività di branding...

- Uso il pensiero narrativo?
- Ho sviluppato competenze di storytelling strategico e contenutistico (fiction-ability)?
- Quali esperienze di contatto tra me e il mio pubblico genero?
- Quali canali uso (online e offline)?
- Come differenzio la narrazione sui diversi canali?
- Ho una storia di futuro da portare agli altri (talmente valida da farmi seguire)?

CAPITOLO 3
TU | IO | ADESSO. L'UNIVERSO È FATTO DI STORIE CHE INCANTANO E DI AGENDE NARRATIVE

"Apri la mente o qualcuno potrebbe aprirla al posto tuo."

DR. WALTER BISHOP, *Fringe*

Sappiamo poco dell'universo in cui abitiamo, ma una cosa l'abbiamo capita dalle scienze contemporanee. Tutto quello che ci circonda è fatto di tre elementi: materia | energia | informazione.[27]

Ce lo dicono tutte le più attuali ricerche: dalla fisica, alla microbiologia molecolare, dall'astronomia alla medicina.

Le *storie che incantano* non scappano a queste regole e sono fatte allo stesso modo.

Sono *materia*: perché si incarnano sempre in oggetti e strumenti. Diventano articoli di carta stampata, post web o social, video o foto (online e offline), libri, film, fiction e docu-fiction, plot radiofonici ecc.

Sono *energia*: perché da loro dipendono tutte le nostre culture e pratiche umane. Sono letteralmente le *calorie* che alimentano le nostre convinzioni di vita, concezioni del mondo o come dicono gli anglosassoni: *inner agenda*.

Sono *informazione*: perché le storie ci orientano in modo molto

[27] Cfr. E. Morin, *Conoscenza. Ignoranza. Mistero*, Raffaello Cortina Editore, Milano 2018.

preciso. Ci consegnano certi tipi di dati e indicazioni su come stare nel mondo.

Ma naturalmente, ci doveva essere un ma... sono anche *significato* perché indirizzano, dando una destinazione ultima alla materia, all'energia e all'informazione. Senza una storia il nostro corpo non andrebbe da nessuna parte, la nostra mente impazzirebbe nel vuoto, il nostro animo non conoscerebbe il suo scopo nel mondo. Insomma senza una *inner narrative agenda*, un profilo o copione narrativo nelle nostre vite, non andremmo da nessuna parte.

Mentre scrivo queste parole, giuro, mi squilla il telefono.

È Grey, un'artista venezuelana che ha letto un mio precedente libro, si è sentita ispirata e così mi ha chiamato per verificare sinergie reciproche. Grey dipinge – come dice lei "sente i colori"; è venuta in Italia anni fa per amore; nel nostro Paese è maturata e ha potuto esprimere la sua arte, ma soprattutto oggi ha un'idea imprenditoriale che trovo bellissima: creare foulard con le sue opere per curare le persone, come forma di cromoterapia.

Figura 8 Screenshot del sito web di Grey Est.[28]

[28] http://www.grey-est.com/.

Trovo la storia di Grey esemplare. Perché dimostra come oggi sono le *storie che incantano* quelle che possono distinguersi e rimanere nel cuore delle persone.

Senza una storia che ispira, il nostro marchio sarebbe soltanto semplice geometria, i nostri prodotti banale merce e le nostre attività un inutile fare affaccendato. Senza Grey, la sua storia e i suoi valori, i foulard sarebbero solo pezzi di stoffa.

Senza le *storie che incantano* non ci sarebbe la realtà umana. Per questo l'universo è fatto di storie che incantano. Almeno il nostro.

**ESERCIZIO DI AUTO-CONSAPEVOLEZZA:
TROVA LA TUA "NARRATIVE AGENDA"**

Quali sono le *tue* storie che incantano?
Elenca i tuoi titoli. Prova a individuare:

- le tue canzoni del cuore:

  ___

  ___

- i tuoi film della vita:

  ___

  ___

- i tuoi libri indimenticabili:

  ___

  ___

- le tue fiction preferite:

  ___

  ___

- gli spot apprezzati di recente:

___

___

- i brand che stimi:

___

___

... e ogni altra cosa che ti viene in mente e che segui:

___

___

Ora, hanno qualcosa in comune? Certamente sì.
Trovala.

Per aiutarti lo faccio su di me. Ma non dire troppo in giro i miei gusti:

- le mie canzoni del cuore:
  Little Wing, Jimi Hendrix. *It's a Long Way to the Top (If You Wanna Rock 'n' Roll)*, AC/DC;
- i film della mia vita: *Gli uccelli* di Alfred Hitchcock, *Pulp Fiction* di Quentin Tarantino, *Batman – The Dark Knight* e *Inception* di Christopher Nolan;
- i miei libri indimenticabili: *La fine dell'eternità* di Isaac Asimov, *Il mondo come volontà e rappresentazione* di Arthur Schopenhauer;
- le mie fiction preferite: *Lost* di J.J. Abrams e *Breaking Bad* di Vince Gilligan;
- gli spot che ho apprezzato (di recente): *Rule Yourself* di Under Armour;
- i brand che stimo: Under Armour, Coca Cola, Diesel.

C'è qualcosa per me che accomuna tutto questo? Sì.
La mia ***narrative agenda***, che è fatta di:

- protagonisti epici e romantici: persone che si sfidano e ce la mettono tutta per arrivare alla loro meta, costi quel che costi (*It's a long way...*). Profondamente sognatori e idealisti (*La fine dell'eternità*, *Little Wing*);

- trame e contenuti: molto intimistici e a volte drammatici. Devi trovare la tua strada, il tuo sogno, ce la puoi fare ma sarà difficile (*Lost*, *Breaking Bad*);
- emozioni: tendenzialmente trasformative. Quello che provo emotivamente non è mai fine a se stesso ma è in vista di qualcos'altro;
- oggetti e relazioni commerciali con persone e marche che non negoziano su prezzi, ma raccontano i valori e il futuro.

Naturalmente, questa è una mia auto-analisi, che può anche modificarsi nel tempo. Un'analisi molto semplificata solo per farti un esempio veloce. Tu avrai la tua: diversissima. Gli altri, la loro.
Ognuno ha la propria *narrative agenda*.
Adesso trova la tua e poi rifletti sempre su quella degli altri. Non possiamo raccontare qualcosa a qualcuno se non abbiamo compreso e ascoltato la sua agenda narrativa interiore.

IL SEGRETO PIÙ PROFONDO

Prima di entrare nei dettagli di come si costruisce una *storia che incanta* (lo faremo, non temere), lasciati guidare nel segreto più profondo del raccontarsi. E anche nel paradosso della narrazione d'impresa. Le tue storie incantevoli non parlano di te. O meglio, non parlano solo di te. L'universo è così: è un campo di forza che ci connette gli uni agli altri, anche quando non vogliamo nessuna connessione e risonanza[29]

Tieni presente che uno degli errori più grandi che si possono fare oggi nel branding – e l'ho visto commettere migliaia di volte

[29] Cfr. D. Herman, *Storytelling and the Sciences of Mind*, cit.; W. Hirstein, *Brain Fiction: Self-Deception and the Riddle of Confabulation*, cit.; P. C. Hogan, *The Mind and its Stories: Narrative Universals and Human Emotion*, cit.

da professionisti e aziende blasonate – è avere l'arroganza aziendale o personale di pensare che la propria storia, solo perché di una marca famosa o di un individuo più o meno noto, sia unica e pure interessante. Non è così. Le *storie che incantano* non sono così e l'universo non si attiva volentieri per i marchi arroganti e le persone altezzose.

Le *storie che incantano* parlano anche di te, ma non solo di te.

E hanno una particolarità: collegano perfettamente la tua storia e la tua *narrative agenda* con quella dei tuoi pubblici e con il momento storico o sociale che si sta vivendo. Ricordi? Sono il collante che tiene insieme l'universo. Il significato che collega materia, informazione, energia.

Seguimi e ti spiegherò meglio.

Tu | Io | Adesso: sincronizzare le "agende narrative"

Tieniti forte perché ora arriva il grande ossimoro. La storia più importante che possiamo raccontare non è la nostra. Prima di ideare, progettare, scrivere e far vivere *storie che incantano* devi comprendere questo paradosso: stai raccontando gli altri attraverso di te e i problemi base del tempo storico che tu e la tua comunità state attraversando. E quindi devi ascoltare e conoscere le *agende narrative* delle persone a cui ti rivolgi.

Se vuoi creare storie incantevoli devi avere un equilibrio perfetto tra questi tre elementi:

- tu: la storia del tuo pubblico, il momento di vita che sta vivendo, i problemi cruciali che sta affrontando;
- io: la tua storia, la tua identità, la tua vocazione, i tuoi prodotti e servizi;
- adesso: i dilemmi del tempo storico che stai attraversando.

Se non colleghi questi elementi rischi di innescare un "cortocircuito narrativo" che svuota di senso e ispirazione i tuoi contenuti. Magari racconterai un bell'aneddoto, ma tutto si fermerà lì.

E domani sarai di nuovo dimenticato.

Prendiamo per esempio questo commercial di Ikea, che ha come protagonista non un armadio o una poltrona, ma proprio il suo catalogo.

Il catalogo Ikea 2015 che, attenzione, non è un semplice catalogo. Si tratta di uno strumento eccezionale, racconta con occhi sognanti Jörgen Eghammer, Chief Designer Guru, poiché cambierà il modo in cui viviamo. Il catalogo Ikea 2015, infatti, non ha bisogno di cavi, viene fornito completamente carico e, incredibile, la batteria è eterna. La navigazione è basata sulla tecnologia *touch*, e permette uno scorrimento veloce dei contenuti con tempi di caricamento pari a zero.

Possibilità di inserire segnalibri, di trovare il prodotto direttamente nella propria casella postale e di condividerlo in maniera semplice e immediata con chiunque, completano le fantastiche funzionalità di questo dispositivo.

Curioso di vederlo? Eccolo.

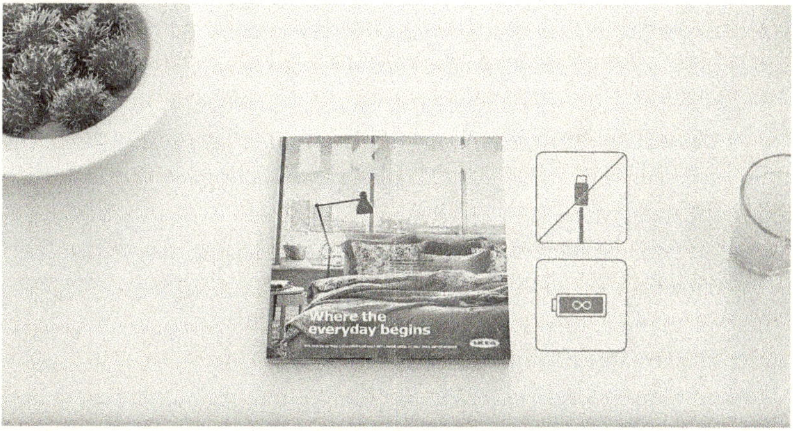

Figura 9 Screenshot tratto dal video *Experience the power of a bookbook™*.[30]

[30] https://www.youtube.com/watch?v=MOXQo7nURs0.

Proprio così, un normalissimo catalogo cartaceo. Ikea, insomma, ci e si prende in giro, ride con noi dei paradossi della società contemporanea, e proprio qui sta il punto. Chi è il "tu" di questo racconto?

Noi tutti, che ci esaltiamo per i più recenti dispositivi tecnologici dimenticando che, a volte, l'analogico è di gran lunga più funzionale e innovativo. "Io" è l'azienda, Ikea, che si racconta come una realtà contemporanea, che recepisce le ultime tendenze e tecnologie, ma che non dimentica mai la semplicità e la funzionalità. "Adesso" è questo nostro momento storico, in cui la corsa alla digitalizzazione ci fa dimenticare che, per sfogliare un catalogo, non dobbiamo per forza avere uno smartphone carico sottomano.

Vedi? Il commercial Ikea ci colpisce immediatamente perché, in quel momento, l'azienda non sta parlando di se stessa, ma sta parlando di me, dei miei problemi quotidiani e del mio conflitto costante con una tecnologia che per certi versi ci semplifica la vita, per altri ce la complica.

E se sta parlando dei miei problemi quotidiani, per forza di cose si attiverà la mia capacità di immedesimarmi. Alzi la mano chi non combatte ogni giorno con l'ansia di cercare una presa di corrente in qualsiasi locale per mettere in carica il telefono.

Quindi:

- tu: noi che utilizziamo quotidianamente la tecnologia;
- io: che sono tecnologico, ma anche analogico se è più funzionale;
- adesso: la società contemporanea e la corsa alla digitalizzazione.

Attento però a non fraintendere.

Non ti sto dicendo che devi per forza e sempre raccontare il presente. Affatto, puoi andare indietro agli antichi egizi e raccontarmi di faraoni e re persiani o spingerti avanti portandomi con il teletrasporto sull'Enterprise; l'importante è che tu e io siamo insieme nel racconto e che i problemi, le questioni, i temi che sollevi con il tuo racconto rappresentino in qualche modo il mio tempo.

Non ci credi? Dai, non essere così inflessibile. Per raccontarsi ci vuole estro. Ora ti faccio un esempio: chiaro e inequivocabile.

Quando il proiettile ti raggiunge in pieno petto

Un nonno racconta al nipote una storia incredibile: da giovane ha combattuto la guerra, e un giorno si è trovato sotto il fuoco incrociato dei nemici. Il suo commilitone si trova in difficoltà, sbalzato a terra da un colpo avversario: lui si precipita in suo soccorso ma, nel trarlo in salvo, abbassa la guardia. Un proiettile lo raggiunge in pieno petto. Cade a terra.

Riapre gli occhi, frastornato, si mette la mano al cuore. Da sotto la giacca, nascosto sotto vari strati di tessuto, estrae un accendino. Uno Zippo. Ha assorbito il colpo, è ammaccato e deformato dall'impatto col proiettile. Ma l'uomo sopravvive, può raccontare la storia a suo nipote, e può donargli proprio quello Zippo che il ragazzo si infila nel taschino della camicia, sopra il cuore.

Figura 10 Screenshot tratto dal video *Zippo: Heirloom.*[31]

[31] https://www.youtube.com/watch?v=eOQgg7jWxPw.

Zippo – ormai ti è chiaro, l'autore del commercial è "lui" – ci racconta una storia successa quando molti di noi probabilmente non erano nemmeno nati. Eppure riesce a rendercela viva, presente, riusciamo a immedesimarci tanto nel soldato che viene colpito dal proiettile quanto in suo nipote, che porta fiero il suo Zippo nel taschino. Come vedi, non serve parlare degli ultimi trend contemporanei per riuscire a comunicare col pubblico, basta una storia che racconti di un tu | io | adesso:

- tu: che hai bisogno di punti di riferimento, di modelli valoriali, di speranze a cui aggrapparti e simboli che rappresentino te e la tua storia;
- io: che ho una storia alle spalle e posso dartene un pezzo affinché rappresenti anche te;
- adesso: un mondo in cui è sempre più difficile trovare dei punti di riferimento.

E una storia così è, per forza, una *storia che incanta.*

"NON SEMBRA CHE TU SIA DI QUI"

È questa la frase con cui inizia il commercial da 60 secondi che Budweiser ha mandato in onda nel *prime time*, durante il Super Bowl 2017. Pensaci: la birra più famosa – e patriottica – degli Stati Uniti arriva all'evento mediatico dell'anno e decide di raccontarsi attraverso la storia di un immigrato dell'Ottocento.

Una scelta provocatoria, estrema, azzardata? Al contrario. Una scelta molto classica, sapientemente giocata su un registro narrativo epico.

Di cosa parla infatti Budweiser in questo spot?

Parla delle sue origini, che coincidono perfettamente con le radici dell'identità americana, fondata sull'incontro di genti diverse e sul coraggio di inseguire un sogno per dimostrare il proprio valore.

Figura 11 Screenshot tratto dal commercial Budweiser *Born The Hard Way*.[32]

Il filmato ripercorre la storia del viaggio di Adolphus Busch dalla Germania agli Stati Uniti, per inseguire il suo sogno di fabbricare "The king of Beers". Questo viaggio avveniva nel 1857.

Il nostro protagonista riuscirà a realizzare il suo "american dream", superando parecchi momenti difficili, quando incontrerà alcuni anni dopo Eberhard Anheuser, proprietario di una birreria a Saint Louis.

Insieme, fonderanno la Budweiser. Quella di Budweiser è una storia di marca che parla a tutti gli americani. A quelli che sono usciti provati dalla crisi economica. A quelli più "arrabbiati" che guardano con ostilità chi arriva da fuori. A quelli che arrivano per restare. E alla generazione imprenditoriale di oggi.

Inizi a capire ora il gioco del tu | io | adesso?

In questo commercial video c'è:

- tu: gli americani in diversi atteggiamenti (arrabbiati, frustrati, provati, realizzati);
- io: la marca Budweiser, che si racconta in prima persona attraverso la voce e la persona del suo fondatore;

[32] https://www.youtube.com/watch?time_continue=26&v=HtBZvl7dIu.

- adesso: la tensione sociale legata all'immigrazione che viene a sua volta trattata non nel momento presente ma ricordando la storia cronologica di un immigrato (che a sua volta è il fondatore dell'azienda).

Non è male come esercizio narrativo, ti pare?

Spiega molto meglio di tante slide perché il segreto di un racconto che incanta è rappresentare l'altro nella propria storia: portare la *narrative agenda* dell'altro nella propria. Vi parlo di me attraverso di voi. Nello stesso tempo attraverso voi sto portando i miei messaggi chiave. E nel farlo sottolineo questioni rilevanti del mio tempo, anche se vi parlo del passato o del futuro.

ESERCIZIO: "SINCRONIZZIAMO LE AGENDE"

Ora cimentiamoci in questa semplice prova. Partiamo da una cosa semplice. Prendi il tuo profilo Facebook.
Guarda gli ultimi sei mesi della tua vita. Concentrati su cosa hai raccontato: quali foto hai postato, quali testi, quali link hai ricondiviso ecc. Fai una mappa narrativa dei contenuti che hai diffuso (cosa hai raccontato e perché?) e contemporaneamente chiediti: *le persone che mi seguono hanno la mia stessa "agenda narrativa"?*

- Io: cioè tu – quali contenuti hai postato – di cosa parli? Che cosa racconti? Quali valori esprimi? Che posizionamento hai? Che personaggio sei?
- Tu: cioè il tuo pubblico – quali contenuti postano loro – di cosa parlano? Che cosa raccontano? Quali valori esprimono? Che posizionamento hanno? Che personaggi sono?
- Adesso: che cosa vi unisce davvero? Quali legami valoriali e /o contenutistici ci sono?

Se farai seriamente questo esercizio, scoprirai che con molta probabilità tutto il tuo racconto online è casuale e istintivo. Forse può andare bene così, forse no, dipende dai tuoi obiettivi.

Quando faccio fare questo semplicissimo esercizio a manager, direttori di funzione o amministratori delegati la prima obiezione è:
"Ma io uso Facebook per motivi personali non mi chiedo cosa gli altri pensano o vogliono. È un canale dove mi esprimo".
Al che faccio notare: "Avete perfettamente ragione, ma nel momento in cui sui vostri canali aziendali, social o meno che siano, avete obiettivi strategici, non potete permettervi di esprimervi a caso, perché i vostri contenuti e le vostre narrazioni non sono necessariamente interessanti ed emozionanti per me, vostro cliente".

A questa mia osservazione, loro di solito annuiscono e cominciano a studiare seriamente l'approccio narrativo.

Inoltre, questo spot ricorda che non bisogna mai rinunciare alle proprie ambizioni e che si deve lottare sempre duramente per realizzare i propri sogni. A tutti ricorda quali sono le radici che li accomunano. E che li possono fare incontrare. Magari davanti a una bottiglia di Budweiser.

E dimostra che, per un brand oggi, che sia una marca aziendale o una persona, la forza sta in un *posizionamento narrativo* credibile e gentile. Sensibile, elegante e attento.

CHECK LIST DI AUTOVALUTAZIONE

Nelle mie attività di branding...

- Ascolto e "leggo" i miei pubblici?
- Mappo costantemente trend e *sentiment* dei miei interlocutori fino a creare una loro *inner narrative agenda*?
- Conosco le tensioni sociali del mio presente (sia da un punto di vista quantitativo che qualitativo)?
- Sono consapevole delle grandi "questioni" del mio tempo (sia a livello nazionale-locale che internazionale-globale con le dovute differenze)?
- Sono pronto a raccontarmi dal *loro* punto di vista (parlando di me, ma con i loro occhi, diversi dai miei)?
- Ho creato un mio posizionamento narrativo credibile e riconoscibile?
- La mia *narrative agenda* è coerente con la cultura del mio tempo e le esigenze dei mercati?

CAPITOLO 4
QUIETE, CADUTA E IMPETO. IL RITMO DELLE STORIE CHE INCANTANO

"Un personaggio che non fa mai errori
e si comporta sempre in modo impeccabile
non è affatto interessante."

STAN LEE

Le *storie che incantano* hanno ritmo. Non puoi pensare di raccontarti senza dare armonia e misura al tuo racconto.

Ti sarà capitato di guardare un film, leggere un post o seguire uno spot che sembra non iniziare mai davvero, la trama si trascina senza nessuno sviluppo e tu finisci per appisolarti sul divano con in mano lo smartphone.

La trama del film magari è anche interessante, così come interessanti sono i contenuti del post, ma il modo in cui vengono raccontati ce li rende totalmente estranei e di certo non incantevoli.

Ma può succedere anche che un film che ci incalza senza un momento di tregua, post e spot che ci costringono a tenere picchi di tensione sempre altissimi finiscano comunque per stancarci.

L'armonia e il ritmo non sono affatto due dettagli da trascurare, ma sono due componenti che sanno trasformare una storia potenzialmente indimenticabile in qualcosa che o ci lascia un cattivo ricordo, o non ce lo lascia affatto.

Per questo devi curare non solo *cosa* racconti, ma anche *come* lo racconti.

SISTOLE E DIASTOLE DELL'INCANTO

Il cuore è un organo straordinario. Quando è in salute alterna in modo molto preciso una fase di rilasciamento muscolare – detta *diastole* – a una fase di contrazione muscolare – detta *sistole*. Rilassamento e tensione. Metafora fisica perfetta di molte cose nella vita.

Durante il rilassamento (diastole) le cavità cardiache – cioè gli atri e i ventricoli – si allargano e si riempiono di sangue. Durante la tensione (sistole), invece, le stesse cavità si contraggono e si svuotano di sangue.

Così come esiste un ciclo cardiaco, chiaramente più complesso di quanto descritto, esiste anche un ciclo o *ritmo narrativo* di cui dovete tenere conto nel raccontarvi.

Ogni *storia che incanta* inizia con un momento di quiete, dove viene descritto il mondo di riferimento o il protagonista, per poi dirigersi verso una serie di problemi che portano a una *caduta*. Questo scivolone risveglia e richiede un *impeto*, cioè sforzi, sacrifici, lotta per tornare sulla strada maestra e ristabilire la quiete. Come il cuore, così funzionano le storie: rilassamento e tensione.[33]

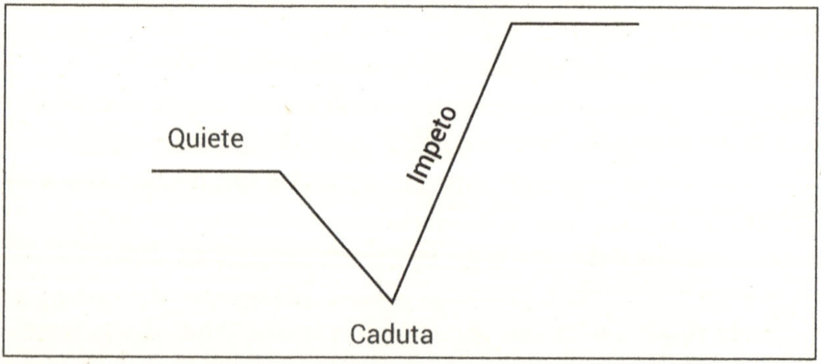

Figura 12 Struttura di base di una storia che incanta (elaborazione dell'autore).

[33] Cfr. A. Casadei, *Biologia della letteratura. Corpo, stile, storia*, Il Saggiatore, Milano 2018.

C'è la mamma, c'è Cappuccetto Rosso, poi c'è il bosco, il lupo, la nonna, il cacciatore, e tutto torna come prima. Ho accorciato molto la fiaba che tutti conosciamo, ma non mi interessava riproporvela nei contenuti, bensì rammentarvela nella struttura. Quiete, caduta, impeto. Per tornare alla quiete.

Mentre raccontate la vostra storia o quella dei vostri marchi, prodotti e progetti dovete sempre avere in mente questa immagine e nel visualizzarla chiedervi: ci sono alti e bassi nella mia storia? Sto facendo rilassare e tendere il mio pubblico con i miei contenuti?

Ma come, mi dirai, nella mia storia in cui sto cercando di "vendermi" devo parlare di cadute? Non farò una brutta figura col mio pubblico?

In effetti è un pensiero comune, quello di credere che agli occhi del nostro pubblico dobbiamo apparire perfetti, senza nessun "capello fuori posto". È il retaggio di un certo stile di marketing che esiste ancora, per il quale la marca o il prodotto sono sempre perfetti e i migliori. È la storia del detersivo che smacchia meglio di tutti gli altri, per intenderci.

E allora facciamo un passo indietro, per poter andare avanti: se il meccanismo chiave che permette a una storia di incantarci è l'immedesimazione, come facciamo noi esseri umani, manchevoli, imperfetti, fallaci, a immedesimarci in qualcosa di perfetto?

Semplicemente non possiamo. Soprattutto in questo nostro tempo dove non ci interessa più aspirare a diventare qualcosa o qualcuno, ma siamo più attratti dall'essere ispirati da qualcosa o da qualcuno.

Ecco perché nelle tue storie non dovrai aver paura di raccontare il fallimento, il dubbio, la caduta, l'imperfezione.

Nelle storie che ti racconterò nei prossimi capitoli conoscerai persone che violano tutte le norme della convivenza civile, persone che si odiano e hanno idee agli antipodi l'uno rispetto all'altro, persone che inventano racconti fittizi per mascherare un passato cupo. Incontrerai, insomma, persone come te e me, con i loro difetti e le loro imperfezioni. È per questo che le loro storie ci incantano, per-

Secondo esempio.

Il racconto di presentazione di Max Galli, che è stato tenuto una sera di gennaio del 2017, mentre era ospite di FuckUp Milano[35] presso Impact Hub (incubatore di Start up e spazio di coworking) di fronte a una platea di imprenditori giovani e meno giovani.

Max è un professionista che stimo molto, un amico capace a capo di una importante agenzia di comunicazione. Ti riporto il suo racconto:

> [...]
>
> Grazie per essere qui.
>
> 2006, Sardegna.
>
> Mi trovo a osservare una rondine che prova con insistenza a introdurre nel suo nido un rametto di legno della lunghezza di dieci centimetri. L'ingresso del nido è grande poco più di una moneta da due euro. Ci prova una volta, due volte, tre volte, e continua con insistenza senza mai arrendersi. Alla settima volta ci riesce.
>
> Io somiglio molto a quella rondine, sono testardo e mi posso definire un esperto nella comunicazione digitale poiché ho commesso tutti i possibili errori che si possono commettere. Ho avuto la fortuna di poter sbagliare, una fortuna che oggi concediamo a fatica alle persone che lavorano con noi e per noi. Penso che gli errori, se non sono fatali, vanno commessi tutti, poiché è proprio dal fallimento che nascono i processi creativi che portano alla scoperta.
>
> Mi chiamo Massimo Galli, 50 anni.
>
> Sono CEO di un'agenzia di comunicazione digitale omnicanale chiamata *vanGoGh*.
>
> [...] Facciamo un passo indietro.
>
> 1986.
>
> Durante gli studi, facevo il PR per alcuni locali milanesi. Era l'epoca dei paninari. Io organizzavo feste e disegnavo i biglietti d'invito per le mie feste. Ero piuttosto bravo. I miei biglietti avevano successo come le mie feste. Guadagnavo più soldi del mio direttore di banca.
>
> [...] A 21 anni aprii la mia partita IVA.
>
> Nacque il mio studio, che chiamai *King's Art*, l'arte del re. Non mi mancava certo l'autostima. Iniziai subito a lavorare molto; le mie conoscenze e le qualità dei miei lavori mi permisero di incrociare il mondo della discografia.

35 *FuckUp Nights* (FUN) è un movimento globale dove le storie di fallimento vengono raccontate e celebrate. Le FUN sono organizzate da Impact Hub Milano.

[...] Il periodo positivo, la mia estate, proseguì portandomi a innamorarmi di una ragazza conosciuta durante le feste che organizzavo. Un amico sostiene che tutti quegli amori che iniziano con questa domanda, "Chi è quella stronza?", sono destinati alla sofferenza. E fu così. La stronza, come la ribattezzai in seguito, era quella forte della coppia, io ero quello innamorato.

Per amore aprii un negozio di abbigliamento e ci misi lei dentro a gestirlo.

I primi anni il negozio funzionava, clienti soddisfatti, vendite positive, conoscere tante persone aveva il suo effetto. Poi a un certo punto arrivò l'autunno, seguito a ruota dall'inverno. La mia merce andava a ruba, in tutti i sensi. Subii quattro furti in un anno. L'assicurazione ne coprì solo due. Ero in ginocchio. Il colpo di grazia me lo diede la stronza. Mi tradì con un musicista [...]. Fui costretto, mio malgrado, a lasciarla. La mia storia d'amore finì. Quello che non terminò furono i problemi economici. I debiti mi seguirono insieme ai fornitori del negozio e alle banche.

Nel 1994, spinto e ispirato da Vincent Van Gogh, che diceva "Faccio sempre quel che non so fare per imparare come va fatto", incontrai e mi lasciai affascinare da Internet. Costruii il mio primo sito per un broker milanese illuminato. [...]

Decisi allora di investire nella mia formazione.

Frequentai corsi di PNL, coaching, corsi motivazionali e corsi di vendita con i migliori formatori italiani e stranieri. Scelsi inoltre di partecipare a un corso di public speaking.

[...] In me stava prendendo forma un progetto che si basava su un sogno che ho sempre inseguito. Creare la miglior agenzia digitale italiana. Dico spesso che non accade nulla se prima non c'è un sogno. D'altronde anche Martin Luther King non ha coinvolto milioni di persone dicendo "I have a project".

Nel 2002 nasce *vanGoGh*.

Ho fondato l'agenzia insieme a Giorgio, un designer che proprio come me combatteva le sue battaglie in solitaria. *vanGoGh* funzionava, i clienti erano attratti dai nostri lavori, ma ci rendemmo conto che era necessario dare un senso a quello che facevamo, lavorando sul rispetto e la motivazione dei nostri collaboratori.

[...] La primavera inoltrata lasciò ampiamente spazio all'estate, quando nella mia vita entrò nuovamente l'amore. Finalmente una ragazza per cui valeva la pena fare qualche pazzia. Pur conoscendola già personalmente, decisi di conquistarla facendole scoprire la parte più intima di me. Le scrissi lettere d'amore. Con un piccolo dettaglio, decisi di firmare ogni lettera come "Ammiratore Segreto".

Questo calvario d'amore durò per ben sei mesi. Una lettera ogni due-tre giorni, senza che lei scoprisse minimamente il vero mittente delle missive. Dopo sei mesi mi dissi: "Sono un po' stanco, è arrivato il momento di rivelarsi." Mandai un'ultima lettera con una mia foto, dove ero venuto particolarmente bene: avevo sei mesi ed ero in un passeggino. Scrissi anche data, ora e luogo dell'appuntamento.

Quando mi presentai e scesi dall'auto, lei, vedendomi disse: "Ah, sei tu?"

La sua apparente e malcelata delusione non mi scalfì. Sono un capricorno molto testardo e alla fine la presi per sfinimento.

[...] Il mio sogno, di creare la miglior agenzia digitale italiana, diventava sempre più reale. Ma come insegna Nietzsche, la prospettiva dell'eterno ripetersi è come un'eterna sanzione, e passai dal calore dell'estate al freddo dell'inverno senza passare dall'autunno.

Perdemmo alcuni grandi clienti che per noi rappresentavano una buona fetta del fatturato e alcune mie scelte sbagliate fecero il resto. Fui costretto a licenziare delle persone, una cosa a cui non ero preparato e non lo sono nemmeno oggi. Una sofferenza, poiché ogni persona ha alle spalle una famiglia, il cui futuro prossimo dipendeva dalle mie scelte. Anche la difficile relazione con il mio socio non ci aiutò ad affrontare compatti questo momento di difficoltà. Ancora una volta mi trovai senza soldi.

Per non farci mancare nulla, in quegli anni, contraemmo un importantissimo debito con il peggiore dei debitori, l'erario. Mia figlia aveva tre anni e il pensiero di non poterle assicurare un futuro sereno e forse nemmeno un tetto sulla testa, poiché il pignoramento della casa era un'opzione più che concreta, mi logorava l'anima e la mente. Capii in quei momenti le ansie degli imprenditori che si suicidavano a causa della crisi.

Mi aggrappai ai miei valori e ai miei amori, mia moglie e mia figlia. Il loro stimolo mi spinse ad andare avanti e la mia caparbietà fece il resto. Qualche tempo dopo, il vento iniziò a cambiare. La primavera arrivò di nuovo. Il 2017 è stato il miglior anno da quando *vanGoGh* esiste. Non abbiamo più debiti con l'erario, siamo cresciuti e ci siamo migliorati e lo stiamo ancora facendo.

[...] In conclusione, so che la teoria dell'eterno ritorno accompagnerà la mia vita in questo costante succedersi di eventi. La differenza rispetto al passato è che io ho una valigia piena di risorse per coprirmi e affrontare i nuovi inverni.

Come vedi, in questo caso la storia oltre ad avere un ritmo è alimentata da contrasti. Ripensiamo un attimo al nostro schema e proviamo a identificarne gli elementi in questa storia:

- quiete: giovinezza e lavoro come PR, prima partita Iva e primi successi lavorativi con l'azienda fondata;
- caduta: fallimento della storia d'amore e fallimento del negozio;
- risalita: scoperta di Internet, formazione, primi progetti;
- quiete: nascita di *vanGoGh*, nuovi successi, nuova storia d'amore;
- caduta: perdita di alcuni clienti, crisi della società, paura per la propria famiglia;
- risalita: risanamento della società, altri successi. Compimento.

Ricalca esattamente lo schema che abbiamo visto poco sopra. Se costruisci la tua storia alternando momenti di quiete a momenti di contrasto manterrai sempre viva l'attenzione del tuo pubblico, che continuerà a chiedersi: "E ora cosa succede? Riuscirà a risalire la china? Come?"

Vediamo meglio ora quali sono i contrasti che possono alimentare le nostre storie.

ESERCIZIO: "MI PRESENTO CADENDO E RIALZANDOMI"

Immagina di doverti presentare a un pubblico come ha fatto Max Galli. Partendo dallo schema Quiete | Caduta | Impeto, prova a ideare una tua storia di presentazione:

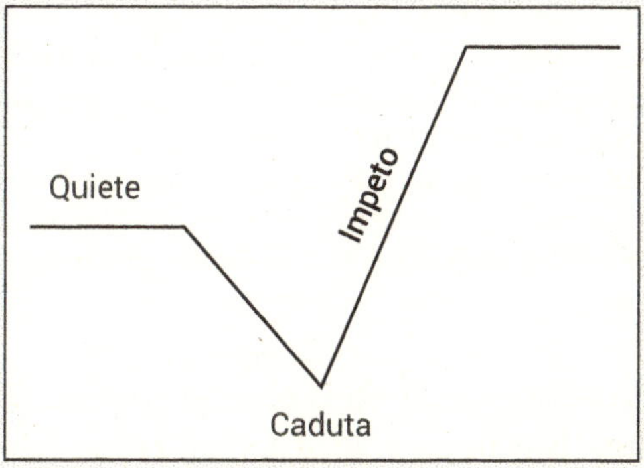

Per farlo, prima progettala e annota:

Le cadute:

____

____

____

Le risalite

____

____

____

Adesso *unisci i puntini* e prova a raccontare un episodio significativo della tua vita. Se non lo trovi, non fa niente. Inventalo.

Tabella 2 Contrasti con cui alimentare le storie che incantano.

Cosa è		Cosa potrebbe essere
Ordinario	▪	Straordinario
Domanda	▪	Risposta
Passato	▪	Futuro
Pena	▪	Guadagno
Problema	▪	Soluzione
Ostacolo	▪	Passaggio
Resistenza	▪	Cambiamento
Impossibile	▪	Possibile
Necessità	▪	Compimento
Disagio	▪	Agio
Dato	▪	Significato

Nella tabella ho riportato alcuni dei classici contrasti che nutrono le grandi storie. Naturalmente ce ne sono molti di più di quelli indicati, e più ne troverai più le tue storie avranno ritmo e cadenza.

Se ripensiamo alla storia del mio amico Max Galli, quali sono i contrasti che l'hanno alimentata?

Sicuramente l'ostacolo e il passaggio: i momenti di difficoltà della sua vita professionale sono diventati l'occasione per aprirsi a nuove opportunità. Di pari passo allora vanno anche la pena e il guadagno, il problema e la soluzione.

Non aver paura di raccontare contrasti nelle tue storie, di mostrare al tuo pubblico il fallimento: a ogni caduta corrisponde sempre una risalita.

La caduta e la risalita sono due facce della stessa medaglia, non può esistere l'una senza l'altra. Senza cadute, senza compiere errori, non avremmo possibilità di imparare e di crescere. E dunque di migliorarci.

Per questo Micheal Jordan, grandissimo e famoso campione del basket USA, diceva:

> Nella mia vita ho sbagliato più di novemila tiri, ho perso quasi trecento partite, ventisei volte i miei compagni mi hanno affidato il tiro decisivo e l'ho sbagliato. Ho fallito molte volte. Ed è per questo che alla fine ho vinto tutto.

CHECK LIST DI AUTOVALUTAZIONE

Nelle mie attività di branding...

- Sono disposto a parlare di miei errori e disagi?
- Conosco le resistenze e i contrasti tipici delle grandi storie?
- Uso questi contrasti e tensioni in risonanza con le storie di vita dei miei pubblici?
- Metto in moto processi in cui quiete e tensione si ricorrono virtuosamente?
- Sono in grado di rappresentare sia visivamente che testualmente il fallimento (mio e degli altri) come risorsa di vita e business?
- Posso non prendermi sul serio nelle mie attività e oltre che drammatizzare anche sdrammatizzare me stesso, i miei prodotti e i miei servizi?

CAPITOLO 5
ANATOMIA DELLE STORIE CHE INCANTANO

"Oggi non è che un giorno qualunque di tutti i giorni che verranno. Ma quello che accadrà in tutti gli altri giorni che verranno può dipendere da quello che farai oggi."

ERNEST HEMINGWAY, *Per chi suona la campana*

Veniamo da un mondo, quello delle pubblicità e della comunicazione vecchio stampo, che ci ha esasperato e annoiato. Non solo non siamo più spettatori ingenui che contemplano ammirati la televisione, per cui ormai gli spot pubblicitari in onda tra un programma e l'altro non ci fanno più né caldo né freddo, ma in più ci siamo abituati ai *black mirror* dei deep media, che ci permettono di saltare velocemente tra i contenuti e che ci portiamo addosso.

Ormai la nostra modalità di fruire i contenuti si è adattata a questa rapidità: se qualcosa non ci attrae e colpisce nei primi secondi in cui la vediamo, passiamo rapidamente oltre.

Ci siamo evoluti: la nostra capacità di multitasking è cresciuta, a discapito della nostra soglia di attenzione. Se nel 2000 la soglia di attenzione media era di dodici secondi, oggi è scesa a otto. Cosa significa questo per noi, che invece vogliamo catturare questa attenzione così fuggevole?

Che, a prescindere che il contenuto che offriamo sia un video, una foto di Instagram, un tweet o un cartellone pubblicitario, abbiamo pochissimi secondi per convincere chi ci legge a non passare oltre, ma ad ascoltare quello che di interessante abbiamo da dirgli.

Ecco perché stiamo discutendo di *storie che incantano.*

Perché essere d'ispirazione oggi è l'unico modo che abbiamo per far "salire a bordo".

Gli spot pubblicitari che passano comunemente in televisione ci incantano? No. Perché non presentano conflitti, non ci tengono col fiato sospeso, non ci parlano di cadute e risalite, non ci coinvolgono né sorprendono.

Raccontare *storie che incantano* non significa mescolare alcuni ingredienti e sperare che la ricetta funzioni. Significa al contrario seguire dosi e regole. Storie così hanno un'anatomia molto precisa.

Ecco quale.

I CARDINI FONDAMENTALI

Compreso che stiamo vivendo in un'era narrativa e che il segreto è raccontare gli altri nella propria storia, è arrivato il momento di guardare con attenzione all'anatomia della *tua* story, del *tuo* racconto.

I racconti però vanno visti, sfiorati, annusati: non potrei parlarti di loro senza averne uno sotto gli occhi.

E in effetti, questo che ti propongo, favola moderna per eccellenza, l'abbiamo visto letteralmente scorrere sotto i nostri occhi, seduti su una poltrona del cinema o sul divano di casa.

Figura 15 Crawl di *Star Wars, Episodio IV – Una nuova speranza.*

Proprio così, si tratta del crawl (chiamato così perché il verbo *to crawl* significa strisciare) di Star Wars, in particolare l'*Episodio IV – Una nuova speranza* del 1977.

Questo il testo integrale:

> È un periodo di guerra civile.
> Navi spaziali Ribelli, colpendo da una
> base segreta, hanno ottenuto la loro
> prima vittoria contro il malvagio
> Impero Galattico.
>
> Durante la battaglia, spie Ribelli
> sono riuscite a rubare i piani segreti
> dell'arma decisiva dell'Impero,
> la MORTE NERA, una stazione spaziale corazzata
> di tale potenza da poter distruggere
> un intero pianeta.
>
> Inseguita dai biechi agenti dell'Impero,
> la Principessa Leila sfreccia verso casa
> a bordo della sua aeronave stellare,
> custode dei piani rubati che possono
> salvare il suo popolo e ridare
> la libertà alla galassia...

Cosa rende questo testo un racconto?

Tre cardini o assi fondamentali:

- situazione-protagonista;
- problema-avversario;
- soluzione-finale.

Abbiamo Leila insieme ai ribelli come protagonisti. La Morte Nera come problema. I piani rubati (della Morte Nera) e custoditi da Leila come soluzione finale possibile.

Questa è la forma più semplice di un racconto:
situazione | problema | soluzione.

Ricorda, tu sei sempre la soluzione di un problema che ha il tuo protagonista: il tuo cliente, il tuo fornitore, il tuo stakeholder.

Vuoi raccontare una storia? Bene, individua il problema e le soluzioni possibili di cui ti fai portatore. Devi essere la soluzione a un mio disagio se mi vuoi attrarre a te e magari vendere qualcosa. O anche solo consegnarmi un'idea.

Togliti l'elmetto e prendili per mano

Forse non ti ho convinto. Vediamo allora un esempio, questa volta aziendale, che può aiutarci a far luce su questa dinamica.

The Last Song è un commercial divenuto molto popolare in rete, specialmente in Oriente, e utilizza proprio questo schema:

situazione | problema | soluzione.

Di cosa parla?

Caen, 1944. Quaranta soldati inglesi vengono uccisi da un cecchino tedesco. La scena che ci compare davanti agli occhi è terribile: la camera scorre sui corpi martoriati e infangati dei soldati a terra, senza vita.

Uno di loro, però, è ancora vivo: con mani tremanti cerca qualcosa nelle tasche della sua divisa. Il suo movimento non è sfuggito al cecchino, nascosto in un punto invisibile dietro di lui: la canna del fucile si muove in cerca del suo obiettivo.

Il soldato ferito riesce a estrarre ciò che cercava: una fisarmonica. Inizia a suonare, piange, pensa al suo bambino che ha lasciato a casa e che probabilmente non rivedrà mai più.

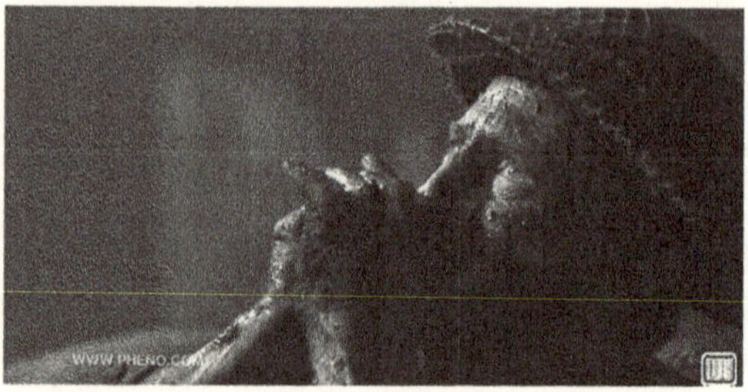

Figura 16 Screenshot tratto dal video The Last Song.[36]

[36] https://www.youtube.com/watch?v=zsUYZyD40mw.

Smette di suonare, si toglie l'elmetto, sa che il cecchino è dietro di lui e che la sua ora è giunta. Eppure il colpo non parte, anzi, nell'aria si diffonde il suono di un flauto. Il cecchino ha posato il suo fucile, sta suonando, pensa alla sua fidanzata che ha lasciato a casa.

Questo video-racconto termina così: con una speranza di salvezza.

Ti dicevo poco sopra che si tratta di un commercial, ma non è comparso nessun improbabile brand a salvare il nostro soldato ferito. Nella scena finale, sul cielo punteggiato di stelle, compare soltanto un logo: è quello di NetEase Music, una app di streaming musicale molto diffusa in Cina e in Oriente, l'equivalente del nostro Spotify insomma.

Questo dunque non è un racconto visivo che banalmente pubblicizza una app musicale, ma è una vera e propria storia che racconta il potere straordinario della musica, capace di unire noi esseri umani al di là di qualsiasi differenza e conflitto. Un po' come i foulard di Grey non sono solo semplice stoffa.

Riprendiamo quindi il nostro schema e vediamo come si può applicare.

- Situazione: campo di battaglia dove numerosi soldati hanno appena perso la vita. Uno di loro è ancora vivo.
- Problema: il cecchino sta per sparare all'ultimo soldato rimasto in vita. Il soldato non ha modo di difendersi né di fuggire.
- Soluzione: la musica suonata dal soldato ferito diventa un messaggio di pace e di fratellanza, il cecchino si commuove e si immedesima nella situazione del soldato ferito, ripensando alla sua fidanzata.

Ricordi la sistole e diastole delle storie che incantano? Ti ho esortato a non aver paura di raccontare un momento di fallimento, di non cadere nella tentazione di dipingere un mondo perfetto e irrealistico. Il fallimento e la caduta, abbiamo detto, permettono al tuo pubblico di immedesimarsi.

Coraggio, togliti l'elmetto, non siamo più nel Novecento quando dovevi fare branding e comunicazione secondo le logiche di un marketing militarizzato con l'idea di colpire dei target. I "bersagli" non esistono più.

Adesso devi fare il passo successivo: se racconti la caduta e il fallimento, sii pronto a essere accanto al tuo pubblico, che si sarà immedesimato, e a tendergli una mano. Sii l'artefice della *sua* risalita.

APRIRE O CHIUDERE LE TENDE?

Spesso vengo chiamato a parlare di fronte a un pubblico.

A volte ho di fronte a me venti persone, a volte cento, altre volte mille o duemila. Dipende.

Nonostante i tanti anni di public speaking c'è sempre tensione e la necessità di capire come presentarsi a seconda dei casi.

Frequentemente mi sono chiesto quale storia raccontare di me di fronte a tante persone. Non è mai semplice. Devi lasciare qualcosa a loro, devi emozionare e dire qualcosa di significativo.

Personalmente ho messo a punto diverse possibili presentazioni brevi. Ce n'è una che uso quando sento e capisco che il pubblico che sta con me è pronto a riceverla.

Quindi, respiro – dalla penombra del dietro le quinte – salgo sul palco inondato di luce che a volte mi acceca e racconto questa mia breve presentazione.

> Da bambino giocavo con le tende. Finché le tende erano quelle di casa mia succedeva poco o nulla. Salvo qualche rimprovero dei miei genitori.
>
> Spesso però, questo gioco lo facevo anche a casa di parenti e amici dei miei genitori, con evidente imbarazzo di tutti. Capitava infatti che alla fine del mio gioco le tende non fossero in buono stato.
>
> Così una sera – a casa di amici di famiglia – dopo essermi appeso alle loro tende e averle ridotte male, mio padre mi prese da parte e mi disse: "Andrea, ci sono due tipi di bambini. Quelli che giocano con le tende per chiuderle e rintanarsi nella loro casa. E quelli che giocano con le tende per aprirle e magari guardare fuori. Tu che bambino vuoi essere?"
>
> Da allora ho deciso di voler essere il bambino che guarda fuori. E oggi sono qui con voi perché credo che dobbiamo aprire le tende e guardare fuori.

La storia è vera. Ma ci ho messo molto a individuarla. A renderla semplice e immediata.

Cosa voglio dirti con questo?

Due cose.

La prima è provare a dimostrarti l'uso che io stesso ho fatto del format di base:

- situazione-protagonista: Andrea | gioco;
- problema-avversario: tende e gioco disfunzionale;
- soluzione finale: scelta di diventare A invece che B.

La seconda è invitarti a iniziare a fare un lavoro su di te per individuare attraverso questo format i micro-episodi che possono essere significativi nella tua vita per te e per gli altri.

La narrazione è così... episodi che si mettono insieme di fronte a un pubblico e improvvisamente acquistano un senso che va al di là di ogni cosa. Puntini uniti.[37]

ESERCIZIO: "LA POSIZIONE LAVORATIVA?"

Immagina di doverti candidare per una posizione lavorativa che ti interessa. Nella lettera di presentazione, prova a descrivere te stesso e la tua capacità di ricoprire quel ruolo usando lo schema situazione | problema | soluzione.

Posizione lavorativa desiderata:

Racconta in breve la situazione:

____

____

[37] Cfr. J. Gottschall, *L'istinto di narrare. Come le storie ci hanno reso umani*, Bollati Boringhieri, Torino 2014.

Descrivi il problema:

____

____

Mostra come l'hai risolto e chi ti ha aiutato:

____

____

STRUTTURA DELLE STORIE CHE INCANTANO

Ovviamente ti ho fornito la formula base. Ma siccome so che sei caparbio e ti piacciono le sfide, adesso devo consegnarti la regola più avanzata. Facciamo quindi un upgrade e usiamo ancora *Star Wars*, questa volta l'*Episodio V – L'Impero colpisce ancora*, uscito nel 1980.

> Tanto tempo fa, in una galassia lontana lontana...
> Sono tempi duri per la Ribellione. Nonostante la Morte Nera sia stata distrutta, le truppe Imperiali hanno stanato le forze Ribelli dalle loro basi nascoste e le hanno inseguite attraverso la galassia.
>
> Dopo essere sfuggito alla temibile flotta stellare dell'Impero, un gruppo di combattenti per la libertà guidato da Luke Skywalker ha stabilito una nuova base segreta sul lontano mondo di ghiaccio del pianeta Hoth.

Il malvagio lord Dart Fener,
ossessionato dall'idea di
trovare il giovane Skywalker,
ha inviato migliaia di sonde
fino ai più lontani confini
dello spazio...

Se prima avevamo tre cardini adesso ne abbiamo cinque. Pronti? Via:

- lo scenario iniziale con il protagonista;
- il posizionamento esistenziale;
- il problema;
- l'avversario;
- la soluzione finale.

Vediamo meglio l'evoluzione dello schema.

Abbiamo lo scenario iniziale: Luke, giovane Jedi, che deve lottare per scoprire le sue origini. Non ci viene detto che è il *buono*, bensì che guida un gruppo di *combattenti per la libertà*. Non si fa riferimento alle sue qualità personali, ma ai valori che egli stesso incarna. Se combatte per la libertà, sarà per forza buono.

Il tema della libertà ci introduce a un altro elemento chiave dei racconti: il posizionamento esistenziale. Il nostro protagonista non combatte per il proprio tornaconto, ma per un valore assoluto come la libertà; la sua è una sfida esistenziale, una partita in cui si gioca il suo intero essere.

Poi troviamo il problema di fondo: Luke deve anche capire chi è, oltre che portare la libertà nel proprio universo

C'è un potente avversario: Dart Fener (e la sua temibile flotta) che si scoprirà poi essere il padre di Luke.

La soluzione finale... che si scopre poi nel film.

È interessante in questo testo vedere come le parole utilizzate sono capaci di scatenare in noi precise emozioni: il film inizia subito facendoci stare in tensione, perché le truppe imperiali hanno *stanato* le forze ribelli e le hanno *inseguite*. Il riferimento all'immaginario della caccia è chiaro: non possiamo non essere in apprensione immaginandoci il leprotto che fugge dal cane, cerca riparo nella sua tana ma viene scovato e costretto di nuovo a una corsa disperata verso la salvezza. Il gioco è predatore-preda.

Questi sono gli elementi che dobbiamo tenere presenti quando decidiamo di non elencare fatti ma di raccontare: noi stessi, il nostro prodotto, il nostro brand.

Ogni storia, poi, seguirà una particolare linea che, come vedremo nel corso di questo libro, ne orienta a sua volta i temi e il linguaggio.

Il fiuto da narratore che avrai acquisito non ti tradirà.

L'acqua di Denver

Adesso dimenticati di Luke, dell'Impero, di Dart Fener e torna nel mondo reale con me.

Ti devo raccontare di un'e-mail che mi è arrivata da poco e che fa al caso nostro. Alessio Beltrami è un altro mio amico e un professionista che stimo. Si occupa di content marketing e ovviamente usa lo storytelling come strumento di branding.[38]

Nella sua strategia di contatto e relazione con i suoi diversi stakeholder invia e-mail dove racconta episodi della sua vita, intrattiene e fa riflettere con brevi pillole narrative.

Questo che vi riporto è il testo di una sua newsletter che trovo interessante per l'analisi che stiamo facendo:

> Quando sono entrato all'Hilton di Denver, la prima cosa che ho notato sono stati degli enormi galloni d'acqua che al loro interno avevano delle fette di limone. Mi sono chiesto subito se fosse gratis, poi pensando a quello che pagavo per tre notti mi sono risposto da solo e ho riempito il bicchiere senza chiedere. Era il 2014 e io ero a Denver per una conferenza di tre giorni sul Content Marketing.
>
> In quei tre giorni ho visto metà della mia libreria prendere forma per-

[38] Ricordi la distinzione tra content marketing e storytelling? Attento a non confondere i due termini.

ché molti dei relatori erano autori dei libri che avevo letto (tra loro Seth Godin, Ann Handley, Lee Odden, Darren Rowse e molti altri).

In quei tre giorni ogni volta che passavo dalla reception prendevo un bicchiere di acqua aromatizzata al limone, lo consideravo un mio diritto. A Denver ho conosciuto molte persone interessanti, parlato con gli autori e mi sono divertito con i due italiani che erano con me [...].

Insomma, tre giorni indimenticabili dall'inizio alla fine. *Già, la fine...*

Io ho lasciato l'hotel per ultimo e quando mi sono presentato alla reception per pagare il conto, ho scoperto la politica dell'hotel sulle consumazioni, ma ormai era troppo tardi. *In pratica...* Ecco, se ti sei "bevuto" la storia su Denver voglio rassicurarti su tre cose:

È gratis (non mi devi nulla per averla letta).

È vera (è successo tutto come descritto).

È utile a capire una cosa che serve anche a te.

Trovo questa storia dell'*acqua di Denver* davvero pertinente ai fini di quello che stiamo discutendo.

Come vedi, anche qui c'è lo schema più ampio di cui abbiamo discusso prima:

- lo scenario iniziale con il protagonista: Denver | Hilton | Alessio;
- il posizionamento esistenziale: l'acqua è gratis (è un mio diritto);
- il problema: l'acqua non è gratis;
- l'avversario: hotel | politiche di *pricing* in America;
- la soluzione finale (con la morale): stare attenti e non dare nulla per scontato.

La storia di Denver è un "aneddoto", un piccolo episodio di una vita di lavoro in cui la narrazione serve per tenere le persone vicine ai contenuti, farle risuonare con i contenuti narrativi e poi rivelare loro un mondo.

Non si costruisce valore senza una storia che *risuona*.

CHECK LIST DI AUTOVALUTAZIONE

Nelle mie attività di branding...

- Ho informazioni sufficienti su tutte le situazioni di mercato (personali, dei clienti, dei competitors ecc.)?
- Sono in grado di costruire scenari alternativi di mercato e business?
- Ho episodi significativi per i miei pubblici che al momento giusto posso raccontare loro?
- Rappresento efficacemente problemi e soluzioni legate a me, ai miei mondi di marca o di prodotto/servizio?
- Quale storia sono in grado di creare?
- Quale morale o messaggio finale lascio ai miei pubblici?

CAPITOLO 6
LE GRANDI PAURE E I GRANDI TEMI DELLE STORIE CHE INCANTANO

"Fu proprio la natura prepotente delle mie aspirazioni, più che qualsiasi particolare degradazione nei miei errori, a rendermi quello che fui e, con un abisso più profondo che nella moltitudine degli uomini, separò in me il dominio del bene dal dominio del male, che dividono e compongono la natura dualistica dell'uomo."

ROBERT LOUIS STEVENSON,
Lo strano caso del dottor Jeckyll e del signor Hyde

Di cosa parlano le *storie che incantano?*

Finora infatti abbiamo visto la struttura delle *storie incantevoli*: cadute, risalite, problemi e soluzioni... Ma quali sono le informazioni che portano con sé? Vedrai che ci sono temi e argomenti ricorrenti.

Come la musica che è composta da alcune note fondamentali, anche le *storie che incantano* hanno temi ricorrenti declinati in tantissimi modi diversi.

Questi grandi temi sono veri e propri *attivatori cognitivi,* cioè elementi che ci accendono: scatenano i nostri interessi intellettuali, avviano il nostro coinvolgimento emotivo, muovono i nostri sensi e le nostre percezioni, appassionano i nostri animi. In altre parole: movimentano le nostre *agende narrative*.

Gli attivatori cognitivi

In tutte le grandi storie dell'umanità ci sono argomenti che girano intorno a nuclei di significato biografico: grandi questioni che attraggono. Dei veri attrattori di senso che coagulano il nostro pensare e sentire.

Un "attivatore cognitivo" è come la canzone del cuore. La senti e immediatamente la materia, l'energia, l'informazione del tuo essere e del tuo corpo si orientano in un certo modo: pelle d'oca, ricordi, sensazioni. Sentimenti, lacrime, risate.

Un attrattore cognitivo si può declinare ad ampio raggio in una serie di macro-trend tematici e poi micro-trend argomentativi rilevanti.

Eccone alcuni, sono i più ricorrenti e importanti, che si trovano sempre nelle *storie che incantano*:

- *cura*: intesa come attenzione, impegno, dedizione per qualcosa o qualcuno;
- *trasformazione*: tutti quei cambiamenti, che implicano sforzo, applicazione, sacrificio per raggiungere una importante meta finale;
- *potere-salvezza*: dove è in gioco tutto, dove il bene e il male si fronteggiano e dove ci si deve salvare da qualcosa o da qualcuno attraverso l'uso di poteri o strumenti capaci di potenziare;
- *dati e fatti*: dove numeri, accadimenti, ma soprattutto la risoluzione pratica di problemi la fanno da padrone;
- *legame*: in cui l'amicizia, l'amore, l'affetto, portano alla costruzione di relazioni e "legami" che diventano rilevanti per chi li vive;
- *valore*: "I have a dream" diceva qualcuno. i valori sono dei grandi attivatori cognitivi, in cui si portano grandi questioni valoriali, etiche, morali... persino spirituali a volte.

Gli attivatori cognitivi coinvolgono anche tantissimi altri sottotemi che dobbiamo ricordare e saper maneggiare se vogliamo creare *storie che incantano*, per esempio:

Tabella 3 Temi e sottotemi delle linee narrative (elaborazione dell'autore).

Cura	Trasformazione	Salvezza	Fatti	Legame	Valore
Affetto	Sacrificio	Potere	Lavoro	Amicizia	Relax
Legame	Sforzo	Forza	Attività	Amore	Svago
Amicizia	Meta	Speranza	Performance	Famiglia	Divertimento
Attenzione	Cambiamento	Passione	Mansione	Focolare	Piacere
Dedizione	Innovazione	Libertà	Prove	Gruppo	Passatempo
Impegno	………	Autonomia	Impresa	Socialità	Esplorazione
Incarico		Liberazione	Missione	Appartenenza	Avventura
Sentimento		………	Opera	………	Scoperta
Legame			Progetto		Svolta
………			Compito		Caso
			Risultato		Imprevisto
			Soluzione		………
			………		

La tabella riportata non è certo esaustiva rispetto all'illimitata creatività umana e narrativa. È solo una bozza che vuole aiutarti quando ti siedi con davanti un foglio bianco e devi definire cosa raccontare di te, delle tue marche e dei tuoi prodotti.

Per aiutarci, vediamo due esempi.

Di seguito puoi vedere un *storia di fatti* – attraverso una foto (e quindi un racconto visivo) – creata da North Face sulla pagina Instagram aziendale.

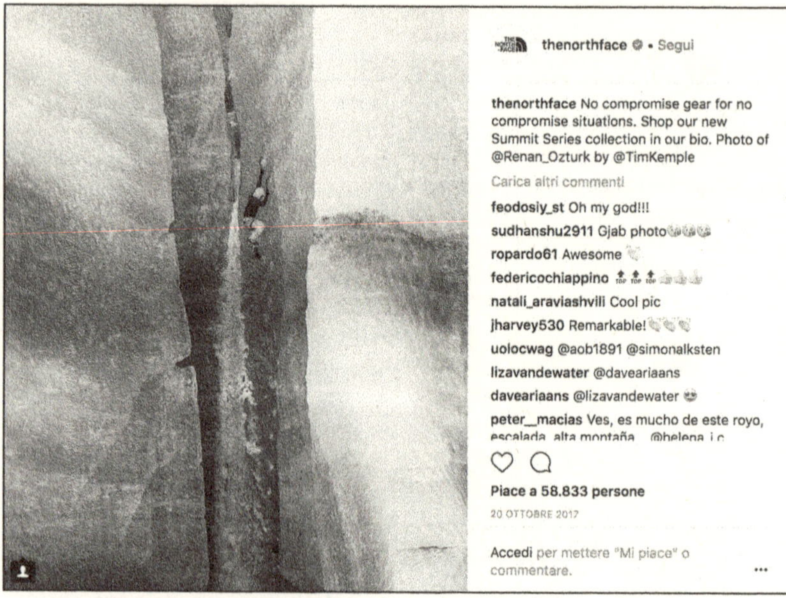

Figura 17 Screenshot tratto dalla pagina Instagram di The North Face.[39]

The North Face è stato molto più sintetico di me, nell'esemplificare cosa sono le *storie di fatti*.

In questa foto c'è molto di più di un semplice fatto performativo: il messaggio che ci comunica è che l'abbigliamento tecnico che produce è senza compromessi, adatto a situazioni dove i compromessi non sono proprio ammessi. Di quali situazioni si tratta ce lo racconta l'impressionante fotografia pubblicata su Instagram: scalare una parete di ghiaccio verticale.

Vediamo un altro caso. Parliamo per esempio di storie di salvezza. E guardiamo la pagina Facebook del WWF Italia:

[39] https://www.instagram.com/p/Baei13fHb5Q/?taken-by=thenorthface.

Figura 18 Screenshot tratto dalla pagina Facebook di WWF Italia.[40]

Sono molti i brand che utilizzano questo tipo di linea narrativa per descrivere il loro ruolo nella società. La *mission* di WWF è naturalmente quella di tutelare il pianeta e le specie che lo abitano: scegliere di raccontarsi attraverso le storie di salvezza è il risultato più naturale.

[40] https://www.facebook.com/wwfitalia/?ref=br_rs.

Nell'osservare il post riportato non noti nulla? Qualcosa che dovresti riconoscere al volo ormai. Ti aiuto facendoti notare alcuni elementi di cui abbiamo già parlato in precedenza:

- il conflitto: la lotta al bracconaggio;
- il baratro: lo scarso numero di esemplari di tigre;
- la risalita: il numero di tigri che aumenta progressivamente.

Il tutto posizionato in una precisa linea narrativa: quella della salvezza. La sensazione che ne abbiamo noi lettori? Speranza per il futuro.

Dietro questi due esempi però non ci sono solo temi e sotto-temi. Ci sono soprattutto delle paure molto rilevanti. Che adesso dobbiamo capire per poter costruire grandi narrazioni.

Scegliere i grandi temi narrativi? Prima ascolta le paure

Quando si decide di raccontare una *storia che incanta* si pone un problema non banale: come si fa a scegliere l'attivatore cognitivo adatto per un pubblico?

In altre parole, di fronte a un lettore quale scelta faccio?

Gli parlo di cura o di legame, di potere-salvezza o di trasformazione?

Come autore di *storie che incantano* sei chiamato a focalizzarti sui tuoi pubblici, le loro esigenze e le loro *agende narrative*. Non racconti a caso, ma racconti in risposta alle paure profonde dei tuoi interlocutori. E fare questo ci orienta di fronte alla mole enorme di temi che un pubblico differenziato oggi segue e desidera.

Prima di raccontare e creare contenuti dobbiamo definire la paura del nostro pubblico, la grande tensione che lo sta attraversando, per poi orientare cosa raccontare a chi.

ESERCIZIO: IL MIO MANIFESTO

Vuoi esercitarti con gli attivatori cognitivi?
Bene, prova a creare il tuo personal o brand manifesto usandoli.

- Credo di... o che...: (Valore)

  ____

  ____

- Per questo, mi dedico a: (Cura)

  ____

  ____

- Quando lo faccio, mi trasformo: (Trasformazione)

  ____

  ____

- Il cambiamento mi lega a: (Legame)

  ____

  ____

- Sono appassionato di: (Salvezza)

  ____

  ____

Mi attivo o vivo per: (Fatti)

____

____

Come al solito un mio piccolo esempio.

Credo di essere qui per "aprire le tende". Mio padre mi ha insegnato che ci sono due tipi di persone: quelle che le chiudono e quelle che le aprono. Per questo mi dedico al mio lavoro: apro le tende che abbiamo nelle nostre case professionali e cerco di aiutare a guardare fuori. Quando lo faccio mi trasformo: non mi sento più solo e capisco che esco dai miei confini. Questo cambiamento mi lega per sempre agli altri che decidono di esplorare l'ignoto con me. Sono e mi sento un precursore. Nel bene e nel male appassionato di ficcare la faccia nella pozza di fango dopo essere stato giorni nel deserto per superare il confine. Il fango mi salva e vivo per andare oltre il confine della mia storia. Il limite di ogni destino.

Nota due cose. La prima.
Come vedi, ho scelto apposta uno stile riflessivo, un po' drammatico ed enfatico; tu puoi scegliere lo stile che preferisci. Mi interessava solo mostrarti l'uso della struttura, che una volta fatta tua puoi smontare e rimontare come meglio credi (per esempio partire dal cambiamento e arrivare al "io credo..." e così via).
La seconda. Il testo è centrato sulla prima persona. Molto ***personal manifesto***. Vogliamo provare a renderlo più "altruistico" e inserirci un bel TU, senza stravolgere più di tanto il contenuto?
Proviamo.

Credo di essere qui per "aprire le tende". Mio padre mi ha insegnato che ci sono due tipi di persone: quelle che le chiudono e quelle che le aprono. Per questo mi dedico al mio lavoro: apro le tende che abbiamo nelle nostre case professionali e cerco di aiutare me stesso e gli altri a guardare fuori. Quando lo faccio mi trasformo: non mi sento più solo e capisco che esco dai miei confini. Questo cambiamento mi lega per sempre agli altri che decidono di esplorare l'ignoto con me. Le aziende con cui lavoro sono e si sentono precursori. Nel bene e nel male si appassionano al fango perché sanno che la pozza che vedono è la loro salvezza: la fine del deserto. Per questo vivo: aiutare gli altri ad andare oltre il limite del loro racconto. Noi siamo il confine. Noi siamo il nostro destino.

Solo due o tre parole qui e là che amplificano il testo verso il lettore. Chiaramente è solo un esempio per farti capire come iniziare a esercitarti. La cosa interessante è che questo piccolo testo può cambiare tantissime volte a seconda dei miei obiettivi e dei miei pubblici e delle loro agende. A seconda delle immagini e delle parole che sceglierai. Ma, nonostante questo, la struttura che ti ho suggerito rimarrà. Come confine. Poi quando sarai un maestro/a lo supererai.

In fin dei conti, raccontare significa proprio questo: trovare rimedi profondi alle paure esistenziali e ai grandi disagi dei propri lettori (clienti, consumatori, stakeholder ecc.).

Gli *attivatori cognitivi* che di solito fanno da temi portanti nelle grandi storie sono collegati a paure specifiche. Qui trovi un piccolo modello che può orientarti nella scelta:

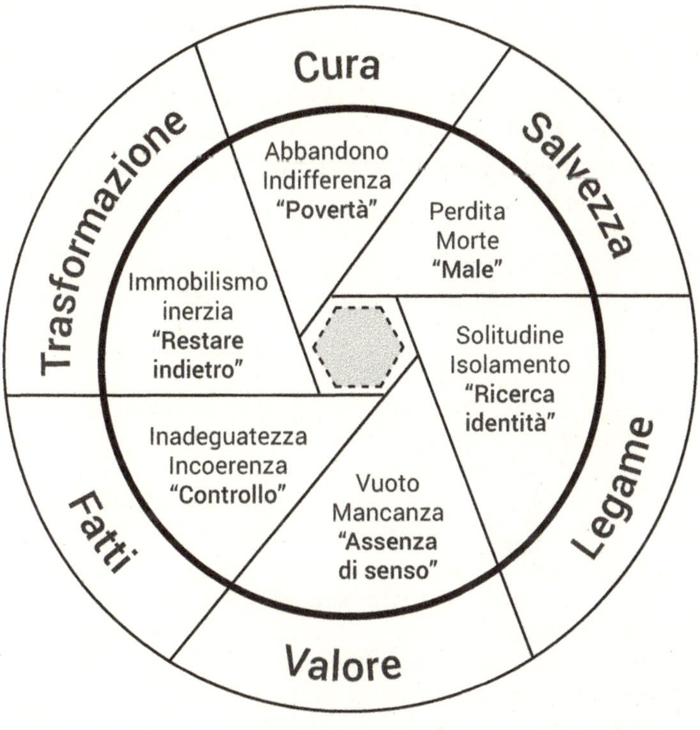

Figura 19 La ruota delle paure e dei temi delle storie che incantano (elaborazione dell'autore).

Ci sono angosce profonde che viviamo come essere umani, per esempio:

- l'abbandono;
- la perdita di controllo;

- l'assenza di senso;
- la solitudine;
- la morte;
- il restare indietro.

Certo, non sono tutte le paure e le afflizioni del mondo, ma rappresentano un buon paniere di riferimento. Alle paure si può dare risposta in tanti modi. Uno dei modi possibili sono le storie.

Guarda questo post di Nike pubblicato su Instagram in occasione delle Olimpiadi di Rio del 2016. Apparentemente sembrerebbe un racconto di fatti: carico di atletismo e performance. In realtà, ascolta più a fondo. Cosa ha insegnato il triathlon a Paula, l'atleta protagonista del post?

Figura 20 Screenshot tratto dalla pagina Instagram di Nike.[41]

Le ha insegnato a rendere la sua volontà incrollabile, l'ha trasformata non solo in un'atleta, ma in una donna che ha imparato a non

[41] https://www.instagram.com/nike/.

mollare quando tutto le farebbe pensare il contrario. Mettici tutto te stesso nella tua trasformazione, e ne otterrai il massimo. Perché?

Per il semplice fatto che non vuoi restare indietro, non vuoi sentirti in difetto, detesti rimanere immobile. E così nasce una storia di trasformazione.

Ricorda: raccontare storie significa escogitare rimedi.

E così ha fatto Ghali, giovane cantante italo-tunisino, molto amato dal pubblico dei ventenni italiani e che Vodafone ha preso come testimonial inserendo una sua canzone in un suo spot pubblicitario.

"Cara Italia, ti dedico questa canzone che ho ideato tornando dal mio primo viaggio in America." È così che inizia il lungo post su Instagram con il quale Ghali presenta *Cara Italia*, il suo singolo, uscito il 26 gennaio 2018 (e anticipato dallo spot).

"Non hai nulla da invidiare a questi grandi Paesi che vediamo nei film. Spero però che tu non ti offenda per aver risaltato i tuoi difetti, sappiamo tutti che sei bellissima ma questo serve a migliorarsi", continua nel post il rapper di origini tunisine nato a Milano.

"Cara Italia, Ho scritto 'sei la mia dolce metà' perché è davvero così", prosegue Ghali. "Tu mi hai visto nascere, mi hai cresciuto e ora che in ogni tuo angolo gridano il mio nome come posso voltarti le spalle?"

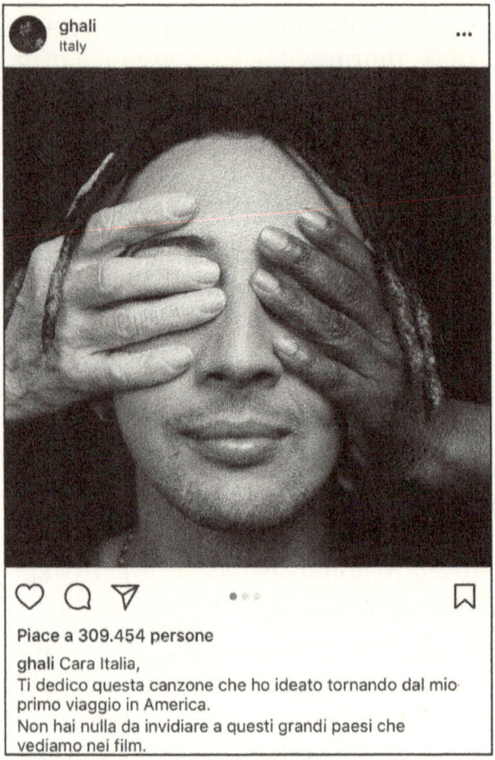

Figura 21 Screenshot del profilo Instragram di Ghali dove il cantante – scrivendo un lungo post – lancia il suo singolo Cara Italia.[42]

Nel post di Instagram, Ghali continua chiedendo all'Italia tre cose e qui diventa interessante notare a quali paure profonde fa appello:

> Cara Italia, ti chiedo solo tre cose:
> Non parlarmi più di confini e non ti parlerò più di diffidenza.
> Non sentirti inferiore e io mi sentirò all'altezza.
> Non vedermi come un nemico e io ti vedrò come una sorella, un'amica, una mamma. Spero tu possa prendere in considerazione le mie parole. Io T.V.B. Cara Italia.

[42] https://www.instagram.com/p/BeWGbZAnc52/?taken-by=ghali.

A proposito di storie di legame, qui sono evidenti le paure che indicavamo prima: solitudine, isolamento, ricerca di un'identità. E Ghali riesce a costruire non solo un pezzo musicale attuale e in sintonia con il pubblico, ma addirittura nella promozione su Instagram del pezzo stesso mette in atto lo stesso procedimento.

Ascoltare le paure per chi racconta una *storia che incanta* è tutto.

Ce lo dimostra anche Obama, in questo suo discorso del 27 luglio 2004. Nel 2004 Obama era candidato al Senato federale in Illinois, ma in realtà era ancora un perfetto sconosciuto. Quel giorno di luglio fu invitato a tenere il discorso di apertura alla convention del partito Democratico, un discorso non fondamentale ma che avrebbe dovuto dare il tono e la sintesi del messaggio del partito. Ti propongo questo estratto:

> Proprio in questo momento, mentre ci parliamo, ci sono persone che si stanno preparando a dividerci, esperti di comunicazione e strategia fedeli a una sola politica, quella per cui vale tutto. Bene, voglio dire proprio a loro che non ci sono un'America progressista e un'America conservatrice; ci sono gli Stati Uniti d'America. Non ci sono un'America nera e un'America bianca, un'America latina e un'America asiatica; ci sono gli Stati Uniti d'America. Agli opinionisti piace spaccare il nostro Paese in "Stati rossi" e "Stati blu": gli Stati rossi per i Repubblicani, gli Stati blu per i Democratici. Ma ho qualche altra notizia per loro.
>
> Crediamo in un Dio meraviglioso anche negli Stati blu, e non ci piace che gli agenti federali si facciano i fatti nostri anche negli Stati rossi. Alleniamo le squadre giovanili di provincia negli Stati blu e sì, abbiamo amici gay negli Stati rossi. Ci sono patrioti che erano contrari alla guerra in Iraq e patrioti che erano favorevoli alla guerra in Iraq. Siamo un solo popolo, fedele alla stessa bandiera e agli Stati Uniti d'America.

Figura 22 Screenshot tratto dal video Barack Obama at the 2004 DNC Convention.[43]

Superando la tradizionale spaccatura tra Stati democratici e Stati repubblicani, Obama dimostra come queste differenze siano solo arbitrarie, come non sia possibile dividere l'America e i suoi cittadini in modo chirurgico, facendo leva sulla paura dell'isolamento e della solitudine.

Obama chiede al popolo di tornare a essere unito, di superare queste spaccature e riscoprire il legame che li unisce tra loro e con la loro bandiera. Un messaggio forte in un clima di campagna elettorale, tanto che mandò il pubblico in visibilio e un commentatore del canale MSNBC, Chris Matthew, disse: "Devo ammetterlo, mi tremano un po' le gambe. Qui si è verificato un momento storico, sicuramente incredibile. Non ho mai sentito un discorso così [...] Qui ho visto il primo presidente nero".[44]

[43] https://www.youtube.com/watch?time_continue=28&v=BBkgWOSOTTI.
[44] https://en.wikipedia.org/wiki/2004_Democratic_National_Convention_keynote_address#News_media_and_pundits.

E ce lo dimostra anche Trump che, nei suoi discorsi in campagna elettorale prima e da Presidente poi, sfrutta lo stesso meccanismo spostando però l'asse narrativo: la paura di rimanere indietro e spingere l'America a essere di nuovo grande.

Figura 23 Screenshot tratto dal discorso di Donald Trump dopo la vittoria.[45]

Vedi, questa è la magia delle *storie che incantano*.

Ogni asse narrativo scelto genera poi un destino di conseguenze.

Il progetto narrativo

Prima di raccontare devi quindi progettare la tua futura storia sulla risposta al disagio del tuo pubblico: scegliendo parole, immagini, simboli, valori, esperienze coerenti con il rimedio che hai deciso di essere e rappresentare, ma soprattutto connesso con le loro *agende narrative*.

Ricordi l'acqua di Denver? Dietro quella storia c'è una specifica

[45] http://www.polisblog.it/post/381521/usa-2016-discorso-donald-trump-video.

progettazione narrativa che ha a che fare con la paura di "restare indietro", di non cambiare e di dare tutto per scontato.

Quando si racconta diventa importante orientarsi nella *profilazione narrativa* di un pubblico. Sapere che un'audience è molto interessata al lavoro e all'*employability* (possibilità di essere inserito nel mondo professionale) è ben diverso dal capire che la mia audience è interessata a temi legati al gioco e all'avventura esplorativa, magari per fare viaggi esotici.

Ci sono molti modi per fare questo tipo di profilazioni oggi (dai *big data* alla *sentiment analysis*), ma puoi farlo anche da solo senza eccessive strumentazioni, semplicemente fermandoti e ragionando: di cosa ha bisogno il mio pubblico? Cosa guarda? Legge? Come si informa? Ma soprattutto: di *cosa ha paura*?

Se iniziamo a risponderci a livello macro dicendoci che, per esempio, sono interessati a tutti i temi che rientrano nel macro-trend "fatti concreti", abbiamo già una risposta rilevante che poi ci aiuta per le micro-argomentazioni specifiche.[46]

Prendiamo per esempio Airbnb, il celebre sito web attraverso il quale possiamo affittare, per una breve vacanza o un soggiorno più lungo, stanze o intere abitazioni messe a disposizione dagli *host*. Si tratta insomma di una valida alternativa a hotel e bed & breakfast, e chiunque può scegliere di mettere a disposizione la propria casa sul sito web.

Oggi Airbnb è molto popolare e utilizzato, ma possiamo facilmente immaginare che, per chi vorrebbe servirsene per la prima volta, un po' di dubbi e resistenze ci siano. Senza addentrarci in complicate profilazioni, possiamo ipotizzare che chi deve decidere se utilizzare o meno questa piattaforma, sia un po' titubante nell'andare ad abitare per qualche giorno in casa d'altri, e non in un hotel

[46] Su questi specifici aspetti rimando ad alcuni miei lavori precedenti. Per esempio: A. Fontana, *Il ponte narrativo*, Fausto Lupetti Editore, Milano 2011. A. Fontana, *Storytelling d'impresa*, Hoepli, Milano 2016. A. Fontana, *Storytelling for Dummies*, Hoepli, Milano 2017.

disegnato appositamente per l'accoglienza degli ospiti. Banalmente, una volta entrati nella stanza, dovremo appoggiare i nostri oggetti personali su una mensola che ospita foto di famiglia, e non su una anonima superficie vuota.

Guarda allora cosa ci racconta Airbnb sul suo profilo Instagram.

Figura 24 Screenshot tratto dal profilo Instagram di Airbnb.[47]

Ecco che la nostra paura, quella di sentirci estranei in un posto che non abbiamo personalizzato noi, viene completamente ribaltata: quel posto non ti sarà più alieno, ma anzi può aiutarti a ricordare, anno dopo anno, quanto e come è cambiato tuo figlio e la tua famiglia.

Airbnb ci racconta una *storia di legame*, un legame che possiamo costruire nel tempo con luoghi anche lontanissimi, ma che diventano nostri. Il legame dunque è il nostro attivatore cognitivo, e porta

[47] https://www.instagram.com/p/BbSLo73BnGY/?taken-by=airbnb.

con sé altri contenuti: prova a guardare la Tabella 3, questa storia forse non ci parla anche di famiglia, focolare, appartenenza?

Ti faccio altri esempi vissuti direttamente nella mia attività di consulenza alle imprese. Ammettiamo che tu debba aprire una piattaforma aziendale che parla di lavoro. Di che cosa parli? In questo caso sapere la paura del pubblico rispetto al tuo tema ti aiuta di sicuro.

Oppure devi creare la struttura di contenuti per la promozione online di sei mesi di un tuo capo di abbigliamento: quali strutture di contenuti e racconti scegli? Anche qui, avere idea che il tuo pubblico si veste perché il tuo capo di abbigliamento rappresenta un modo per non restare indietro e quindi "trasformarsi" nel proprio viaggio urbano è di grande supporto.

O ancora: ti chiedono di disegnare l'esperienza narrativa di un museo. Da dove parti? Per esempio, puoi chiederti se il tour museale può dare risposta alla paura di povertà morale, economica e spirituale del tuo pubblico.

O più semplicemente ti occupai di *food photography* e devi fare un blog sul racconto visivo del cibo. Quali mondi visivi e tematici inserisci? Magari ti accorgi che il racconto del cibo deve essere fatto come "ricerca dell'identità".

Insomma, come vedi individuare l'*attivatore cognitivo* è un aiuto a ingegnerizzare la creatività iniziale e a dare forza alla *progettazione narrativa* che dovrai fare prima di metterti a scrivere, fotografare, filmare, chattare ecc.

Mi raccomando, non raccontare nulla a nessuno se prima non hai:

- ascoltato e compreso il tuo pubblico;
- individuato l'attivatore cognitivo coerente con i bisogni e le *agende narrative* del pubblico;
- sviluppato temi e sottotemi connessi all'attivatore cognitivo prescelto e quindi all'esperienza di vita del pubblico stesso.

STORIE CHE INCANTANO: QUALE DISCIPLINA E LAVORO QUOTIDIANO

Le storie non vanno solo progettate e poi fatte vivere (con contenuti scritti e visivi) nei tuoi diversi *tool* di business cartacei, digitali e relazionali che siano. Devi darti un metodo e una disciplina di lavoro.

L'abbiamo già accennato prima (ricordi quando parlavamo di leggere e profilare i pubblici?), ma è giunto il momento di entrare nel dettaglio del percorso che dovrai fare se desideri raccontare *storie che incantano*.

Costruire storie di questo tipo, infatti, richiede un processo che inizia molto prima di "prendere in mano la penna" per abbozzare la tua storia. Vediamo quale.

1. Esplora chi ti sta intorno

Ce lo siamo detti fin dall'inizio: le tue storie non parlano solo di te. Devi allora procedere con lo studio della tua audience: chi sono? Quanti anni hanno? Che lavoro fanno? Non limitarti però a una semplice profilazione socio-demografica: cerca di capire chi sono biograficamente: di cosa hanno bisogno nella vita, quale grande paura li attanaglia e, quindi, che ruolo dovresti ricoprire tu come portatore di possibili linee narrative diverse. Sei quello che li aiuta a trasformarsi o quello che li conforta in un momento di difficoltà? Da te si aspettano fatti solidi e concreti o valori capaci di ispirarli? Oppure tutte queste cose insieme?

2. Ricerca te stesso: chi sei tu e cosa vuoi?

Quale storia ti candidi a raccontare rispetto al tuo pubblico? E soprattutto, cosa vuoi tu? Sei pronto a essere coerente con quello che andrai a raccontare?

Verifica inoltre se ciò che pensi che sia necessario per raccontarti lo è effettivamente: il tuo pubblico davvero non ti conosce o forse non ti associa ai tuoi prodotti?

3. Definisci la trama essenziale

Progetta la trama essenziale della tua storia. È il momento di far entrare in gioco gli schemi di cui abbiamo parlato prima, e con cui ti sei esercitato:

- tu | io | adesso;
- situazione | problema | soluzione;
- grandi temi | risposte alle paure.

Non è necessario scrivere una trama estesa, è sufficiente "riempire questi campi" per dare alla tua storia un'impostazione.

Naturalmente dovrai inquadrare questi schemi nell'attivatore cognitivo (storie di fatti, cura, legame, potere-salvezza, trasformazione, valori) che hai scelto e che discenderà dalla comprensione dei bisogni del tuo pubblico.

4. Progetta il contenuto coerentemente con il canale

È il momento di decidere dove e come il tuo pubblico fruirà della tua storia. Scegliere di distribuirla sul tuo sito web, su Instagram, su un cartellone pubblicitario o un leaflet per la fruizione mail in PDF comporta naturalmente conseguenze molto diverse dal punto di vista dello sviluppo.

È una scelta delicata ma che, ancora una volta, discende dallo studio che hai fatto del tuo pubblico. Il tuo pubblico usa molto i social o ama sfogliare riviste cartacee?

Se decidi di usare più format e canali valuta come la storia può integrarsi e declinarsi su ciascuno di essi.

Non trascurare inoltre la componente visuale, se decidi di usarla: il *visual storytelling* è importante tanto quanto una buona trama.

5. Scrivi la tua storia

Finalmente è giunto il momento di dare forma e corpo alla tua storia. Se avrai svolto tutti i passaggi precedenti con la dovuta cura, si tratterà "solo" di unire i puntini: non dovrai inventare niente di nuovo. O meglio, dovrai certamente mettere in campo creatività e competenze narrative, ma dovrai seguire i binari che i passaggi precedenti hanno tracciato. Se qualcuno produce i contenuti per te (copywriter, fotografo, videomaker, grafico, sviluppatore...) assicurati che abbia ben chiaro cosa vuoi raccontare e come.

6. Revisiona e verifica

Verificare, anche in corso d'opera, che l'esito sia allineato con ciò che hai progettato è di importanza fondamentale. Confrontati con i tuoi colleghi e con chi ha lavorato con te a questo progetto: l'obiettivo è quello di raggiungere un parere condiviso.

Ancor più utile sarebbe fare un piccolo test con un campione del tuo pubblico-tipo, per verificare che la tua storia sia davvero una storia che incanta.

7. Identifica i KPI

Hai progettato e sviluppato la tua storia, ma prima di farla conoscere al mondo devi compiere un ultimo passo: decidere come ne misurerai l'efficacia.

Come potrai immaginare, non esiste una ricetta universale: molto dipende dal format che scegli, dal pubblico cui ti rivolgi, da cosa ti aspetti di ottenere. Se decidi di pubblicare un post su Facebook, per esempio, puoi valutare il numero di interazioni che ha generato, scegliendo come benchmark la media delle interazioni che i tuoi post raggiungono. Altra questione è fare un'operazione narrativa in Snapchat o costruire il tuo portfolio cartaceo.

Non lanciare il sasso nello stagno senza misurare quante onde ha generato.

Forse non ti aspettavi un processo di questo tipo: del resto, però, fare storytelling e costruire *storie che incantano* è una scienza.

IN SINTESI

Le regole per rendere una narrazione funzionale al tuo branding sono abbastanza semplici. La tua *storia che incanta*:

- può essere breve o lunga, decidi tu in base ai tempi e ai canali che hai scelto di usare;
- deve rimanere focalizzata sull'argomento che stai trattando ma connessa ai grandi temi di interesse del tuo pubblico;
- deve contenere una tensione, un rischio, un disagio o un pericolo-incertezza: perché tu diventi l'aiutante che risolve il problema o il pericolo;
- deve avere te nel ruolo di coprotagonista: il protagonista vero e proprio è il tuo pubblico. La storia che devi raccontare è la rappresentazione della sua vita nella tua;
- deve essere coerente con i canali che hai deciso di usare e l'ecosistema dei media che hai scelto per raccontarti.

È una scienza che richiede lavoro, studio e precisione: non puoi trascurare nulla di questo percorso se vuoi raccontare una storia che abbia le gambe per camminare. Se avrai seguito la scienza, vedrai l'arte dispiegarsi, e le tue storie diventeranno a tutti gli effetti *storie che incantano.*

E adesso dobbiamo avventurarci ulteriormente nelle profondità dell'incanto. E analizzare più nel dettaglio e una per una queste diverse linee narrative.

CHECK LIST DI AUTOVALUTAZIONE

Nelle mie attività di branding...

- Conosco le paure profonde del mio pubblico?
- Riesco a dare risposta ai disagi dei miei interlocutori usando temi narrativi specifici?
- Collego costantemente le paure degli altri con mie risposte possibili?
- In quale delle sei linee narrative mi riconosco di più?
- Nonostante mi riconosca di più in una linea narrativa, sono in grado di usare agevolmente anche le altre?
- Hai definito una content strategy narrativa con cui raccontarti?
- Allinei e progetti i tuoi contenuti in base al tuo pubblico e ai relativi canali d'uso?
- Hai deciso con quali strumenti ti vuoi raccontare?
- Questi strumenti, oltre che piacere a te, sono coerenti con le esperienze d'uso mediatico dei tuoi interlocutori?
- Hai un piano temporale con cui diffondere i tuoi contenuti narrativi (di marca, prodotto, vita)?
- Revisioni e verifichi costantemente la tua narrazione?
- Hai KPI – anche parziali – con cui misurarti?
- In che modo comprendi come migliorarti narrativamente?

PARTE 2
STORIE CHE INCANTANO: SPECIFICHE E DETTAGLI

CAPITOLO 7
LE STORIE DI FATTI: IL SOLLIEVO DI UNA SOLUZIONE

"Fin quando il mondo non smetterà di esistere agiremo come se intendesse ruotare ancora."

NICK FURY, *The Avengers*

I fatti di per sé non voglio dire nulla. Acquistano significato solo se noi li raccontiamo e condividiamo. Che da qualche parte sia avvenuta una frana o che ci sia un muro in una certa zona del mondo non tocca nessuno. Ma se voi siete lì in presenza di quella frana o se dovete oltrepassare quel muro, allora tutto cambia.

Le *storie di fatti* ci parlano di realtà oggettive, concrete, in qualche caso anche misurabili: pensa alla pubblicità di un'automobile, dove si parla di potenza, cavalli, chilometri percorribili con un pieno. Sono storie che puntano a mostrare la reale utilità ed efficacia di qualcosa: un prodotto, un servizio o qualcuno: un ente, un istituto, un candidato politico che vuole proporsi per ricoprire un determinato ruolo.

Tipicamente il protagonista di una storia di fatti si trova in un momento di difficoltà, più o meno grande, e in suo soccorso arriva l'aiutante – tu, il tuo prodotto, il tuo brand – che lo aiuta a risolvere il problema, dandogli un vantaggio immediato.

I FATTI SONO LEGGENDE

Le storie di fatti sono così, ci descrivono la realtà oggettiva, quello che succede, né più né meno. Qualunque sia la forma che scegliamo di utilizzare per raccontare la nostra storia, dobbiamo rimanere con i piedi per terra.

Via i fronzoli e gli orpelli, manteniamoci concentrati sul nostro obiettivo e raccontiamo ciò che vogliamo raccontare – noi stessi, i nostri prodotti – in modo semplice e diretto.

E adesso che inizia il nostro viaggio alla scoperta delle linee narrative, teniamo sempre a mente quali sono le parole chiave di ognuna:

- concretezza,
- oggettività,
- semplicità.

Sono il giusto mix per le storie di fatti.

Ti sembra noioso? Immagino che ci sia un po' di scetticismo circa il reale potenziale delle storie di fatti.

In fondo, si tratta di realtà oggettiva, di essere realistici, di raccontare semplicemente ciò che accade, né più né meno. Magari penserai che le storie di fatti non possano essere adatte a te, a ciò che vuoi raccontare: scopriremo insieme che non è detto che sia così e ti darò degli indizi per capire se questa linea narrativa ti rappresenta. E scopriremo anche che le storie di fatti non sono così banali come sembrano, anzi, hanno tutto il potenziale per diventare qualcosa di più.

Non sei convinto, vero?

Allora lasciami raccontare questo fatto.

Siamo nel 2009. Mondiali di atletica di Berlino. Usain Bolt sta per scendere in pista, forte del suo record del mondo conquistato alle Olimpiadi di Pechino del 2008, dove corre i 100 metri piani in 9,69 secondi. Gli atleti si dispongono ai blocchi di partenza, si sente il colpo di pistola, gli atleti scattano.

Bolt vola sulla pista, tagliando il traguardo a 9,58 secondi. Le statistiche dicevano che sarebbero passati vent'anni prima che il suo precedente record venisse battuto. Statistiche, metri, secondi. Tutti fatti concreti, reali, oggettivi, addirittura **misurabili.** Quella di Usain Bolt è una storia di fatti, ma che l'ha trasformato in una leggenda.

Come vedi, raccontare la realtà oggettiva e concreta può suscitare emozioni. Lo sa bene anche *National Geographic*, che nel dicembre 2017 ha pubblicato sui propri canali social un video che ha turbato molti di noi e che ha suscitato un gran clamore mediatico. Eppure quel video mostra un semplice fatto concreto: un orso polare che muore letteralmente di fame.

Probabilmente te lo ricordi, avrai notato la notizia su qualche quotidiano e magari sei rimasto anche tu molto turbato dal vedere questo orso scheletrico trascinarsi senza più energie in un terreno brullo e desolato.

Figura 25 Screenshot tratto dalla pagina Instagram di *National Geographic*.[48]

Il testo che accompagna il video, scritto da Paul Nickeln, il videomaker che ha ripreso la scena, è lapidario. Ti faccio notare alcuni passaggi:

[48] https://www.instagram.com/p/BcVCyX3D41W/.

> È una scena che spezza il cuore e che ancora mi tormenta, ma so che dobbiamo mostrare ciò che è bello e ciò che è terribile se vogliamo rompere il muro dell'apatia. Questo è quello che vuol dire morire di fame. L'atrofia dei muscoli. Non hanno energia. È una morte lenta e dolorosa. Quando gli scienziati dicono che gli orsi polari si estingueranno nei prossimi cento anni, penso che la popolazione mondiale di 25.000 orsi morirà in questo modo.

Nickeln ci dice in modo molto semplice e piano quello che vede, ci fa notare che parlare di estinzione non significa semplicemente che d'un tratto gli orsi scompaiono, ma ci mostra in che modo questo avviene. Lo scopo, lo dice lui stesso, è scuotere le coscienze.

Il caso è diventato famoso anche per le critiche che ha generato, alcuni giornalisti e ricercatori più scettici, infatti, hanno affermato che è impossibile imputare la sofferenza dell'animale direttamente ai cambiamenti climatici, dato che non tutti gli orsi polari stanno morendo di fame, e quindi hanno accusato il videomaker di aver costruito una *fake news* a fini propagandistici. Anche alla luce di queste critiche, però, la fotografia non smette di colpirci e non possiamo comunque fare a meno di pensare all'estinzione degli orsi polari causata dal riscaldamento globale, a prescindere dal reale motivo per cui l'animale in questione versa in queste condizioni.

Se questa scena ha turbato anche te, allora ti sarà chiaro come le storie di fatti possano essere tanto semplici quanto incisive.

PER LA TESLA NON CI VUOLE BRUCE WAYNE

Le storie di fatti, abbiamo detto, descrivono la realtà oggettiva. Sembrano senza sentimenti, ma ormai ci è chiaro che non è così, anzi possono aiutarci a combattere e cambiare delle percezioni distorte.

Facciamo un gioco: se ti dico Tesla, cosa ti viene in mente?

Magari ti raffigurerai l'immagine di un'automobile, magari penserai alle frasi del suo visionario fondatore o perfino all'azienda SpaceX, fondata sempre da Elon Musk, che ha l'obiettivo di colonizzare Marte.

Il minimo comune denominatore, però, è l'impressione di innovazione, complessità, estetica, sfida al futuro.

Le auto Tesla non ci sembrano certo adatte a tutti sia per costi che per performance: magari non ne conosciamo alla perfezione le caratteristiche tecniche, ma tra display, pilota automatico e portiere che si aprono in verticale, l'impressione che ne otteniamo è che per guidare queste automobili serva essere ricchi e ingegneri. Insomma, alla guida di una Tesla ci vedremmo bene proprio Elon Musk o Bruce Wayne abituato a guidare la sua Batmobile, non certo uno di noi.

Ben consapevole di questa percezione diffusa, l'azienda Tesla – attenta a leggere i sentimenti e le opinioni del suo pubblico – ha prodotto nel settembre 2017 due video, *The Electric Family* e *The 8 Keg SUV,* per raccontarci l'esatto opposto.

Si tratta di due *storie di fatti* molto differenti tra loro, ma ciascuna comunica un solo messaggio: Tesla, e il Model X in particolare, è un'automobile adatta a tutti.

ESERCIZIO: "TUTTI I FATTI MIEI"

Prova a elencare come si sentono le persone relativamente al tuo lavoro quanto risolvi loro dei problemi (non importa se adesso non hai un lavoro, prova comunque a pensare alla tua utilità verso ipotetici interlocutori):

Quando risolvo i problemi dei miei clienti loro si sentono:

____

____

____

____

Con questo elenco prova a costruire una tua *value proposition*.

____

____

Per quanto mi riguarda, visto che aiuto aziende e amministratori delegati a raccontarsi, ecco qui un mio esempio.

Quando risolvo i problemi dei miei clienti loro si sentono:
- liberati dal peso dell'inadeguatezza (di non saper raccontare);
- riconosciuti nella loro identità profonda (e nella loro storia);
- salvati da perdite di valore (e cadute economiche);
- trasformati per non "rimanere indietro" (nella mancanza di nuove competenze comunicative da possedere);
- aiutati nel loro viaggio di miglioramento (per ottimizzare la comunicazione personale e/o corporate sui media);

Se dovessi creare su due piedi una mia *value proposition*, direi:

Con i miei servizi e soluzioni narrative:
- potenzio i contenuti della tua storia;
- ascolto e riconosco la tua identità;
- ti proteggo da perdite di valore reputazionale;
- ti consegno nuovo know-how per il tuo posizionamento di marca o prodotto o vita, evitandoti di rimanere indietro senza competenze narrative;
- ti supporto nello sviluppo del tuo capitale narrativo;
- ti appoggio nella creazione della tua media strategy.

Nel video *The Electric Family,* che conta circa un milione e mezzo di visualizzazioni su YouTube, Tesla ci racconta uno spaccato di vita quotidiana di una famiglia americana. Conosciamo Paige, mamma e video producer, che ci spiega come per lei la macchina sia uno strumento fondamentale, non solo per spostarsi e viaggiare – tra portare i figli a scuola, andare in ufficio e così via, la sua giornata è sempre molto impegnata – ma anche come un ufficio, perché grazie al pilota automatico Paige può fare telefonate di lavoro in tutta sicurezza. Certo, la macchina è elettrica ma, racconta Paige, tutta la sua famiglia sa che funziona esattamente come un cellulare, perciò la sera va messa in carica.

Figura 26 Screenshot tratto dal video *The Electric Family*.[49]

Insomma, abbiamo la famiglia modello americana: mamma e papà che lavorano, figli di età diversa da accudire. Ma quello che vediamo nel video è un veicolo che si adatta perfettamente alle loro esigenze e il cui elevato grado di tecnologia in realtà è un aiuto tanto fondamentale quanto discreto.

Certo, la famigliola sembra fin troppo idilliaca: e allora Tesla ci mostra la storia di un altro utilizzatore di Model X, protagonista del video *The 8 Keg SUV*.

Si tratta di Dan Gordon, cofondatore della Gordon Biersch Brewing Company, azienda produttrice di birra.

Una persona reale dunque, non un personaggio, che, come Pai-

[49] https://www.youtube.com/watch?v=He7NPWU6qAU.

ge, utilizza Model X come un ufficio. A modo suo, naturalmente. Dan Gordon ci dice infatti, all'inizio del video, che la sua Tesla è un perfetto *8 Keg SUV*, ovvero un SUV capace di trasportare 8 barili di birra.

Proprio così, una macchina ipertecnologica, dal design elegante e dal costo non certo abbordabile viene tranquillamente utilizzata come un furgoncino.

Figura 27 Screenshot tratto dal video *The 8 Keg SUV*.[50]

Pensate a questo modo meraviglioso di riformulare un posizionamento di prodotto solo cambiando il racconto dei fatti! Non è certo una scelta di ostentazione quella di Dan, ma un'ovvia conseguenza del suo modo di lavorare: il suo birrificio è completamente automatizzato, perciò è naturale che anche la sua macchina lo sia. Bisogna caricare i barili in auto? Il muletto si avvicina alla macchina, il bagagliaio si apre da remoto e i tempi si accorciano.

[50] https://www.youtube.com/watch?v=QK_jjuj43jk.

QUANDO I FATTI VINCONO

Insomma, l'impressione che ricaviamo da questi video è che Tesla non sia solo una macchina, ma una collega che si adatta al nostro stile di vita, che lavora con noi e per noi.

Ricordi lo schema situazione | problema | soluzione? Proviamo ad applicarlo.

- Situazione: viaggio molto in macchina per lavoro.
- Problema: non mi sento sicuro a guidare così a lungo nel traffico; non ho un mezzo che mi consenta di fare delle piccole consegne.
- Soluzione: Model X mi permette di guidare sereno col pilota automatico e si adatta a tutte le mie esigenze, compreso il trasporto di materiali ingombranti.

È semplice: a problema di ordine quotidiano e concreto, risponde soluzione semplice e altrettanto concreta.

Ma non è finita qui: imparerai nel corso di queste pagine a scavare a fondo nei casi che ti presento e, con le capacità analitiche che avrai acquisito, ti verrà più semplice progettare una storia che incanta.

Continuiamo a scavare, quindi, e mettiamo questi due commercial sotto la lente d'ingrandimento. Sentiamo cosa ci dicono Paige e Dan.

Paige dice:

> Sono una produttrice di commercial, sono una mamma.
> Siamo una famiglia molto impegnata, quindi dobbiamo viaggiare molto ogni giorno.
> (*Todd, il marito*) Paige guida tanto, non sappiamo esattamente dove vada.
> Io uso la mia Model X come un ufficio, faccio tante conference call, il pilota automatico mi permette di farlo: quando c'è traffico metto il pilota automatico e so che saremo sicuri.
> (*Todd*) Caricare la macchina non è mai stato un problema.
> Todd lo paragona a caricare il tuo cellulare. Quando torni a casa la sera metti il telefono in carica, così facciamo con le nostre macchine.

> Non penso che ci sia un'altra macchina là fuori che migliora col passare del tempo: le performance sono impressionanti, la tecnologia è incredibile.

Sentiamo invece cosa ci racconta Dan, il produttore di birra.

> Quando l'ho comprata all'inizio pensavo tenesse lì dietro solo sei barili, ma in realtà è una macchina da otto barili. [...] Posso testimoniare che Model X può portare otto barili di birra. [...] Non ho mai consegnato birra prima, ora se qualcuno chiama la porto io stesso. Questo è il miglior veicolo per le consegne che potresti immaginare. Mi invento scuse per andare a consegnare la birra. Costruire un birrificio del genere è un'esperienza che capita una volta nella vita per via del livello di automazione che ci abbiamo messo e la qualità dei macchinari. Il mio birrificio è completamente automatizzato, così come la mia Tesla. Amo tutta la tecnologia, sono dipendente dal pilota automatico, rende divertenti quei viaggi frustranti e quelle code impressionanti perché ci pensa lui. È davvero divertente.

CONCRETI ANCHE NELLA FANTASIA

Non si finisce mai di discutere su quali siano i motivi che hanno fatto di *Game of Thrones* (in Italia *Il Trono di Spade*) un successo planetario.
I numeri che ha raggiunto tanto in America quanto in Europa (giusto per citarne uno, 16.5 milioni di spettatori che hanno seguito in diretta l'ultimo episodio della settima stagione[51] trasmessa su HBO ad agosto 2017) destano molta curiosità, dal momento che tutto questo successo viene tributato a una serie fantasy, genere normalmente considerato da *nerd* e di scarso interesse per il vasto pubblico.
Ma alla fine non è una serie fantasy (però ci sono i draghi), *tutto merito delle scene di nudo* (come se fosse una novità per la TV americana), *per forza, dietro c'è una campagna di marketing colossale* (sì, condizione necessaria, ma è sufficiente?).
Senza voler entrare nell'annosa questione, facciamo solo una considerazione.
Game of Thrones è una storia di fatti.

[51] https://serial.everyeye.it/notizie/game-of-thrones-7-season-finale-segna-nuovi-record-share-per-hbo-303002.html.

Fatti inventati, è ovvio, e che per di più attingono al mondo del fantasy. Eppure, e qui viene il bello, sia i libri che la serie ci raccontano puramente quello che succede. Fatti nudi e crudi.
La stessa cosa, se ci pensi, avviene con le fake news. Ma questa è tutta un'altra storia.[52]

Presta attenzione alle parole: non si parla di emozioni, né di sentimenti in questi racconti di prodotto.

Si passa dritti al sodo: "siamo una famiglia molto *impegnata*", "come un *ufficio*", "caricare la macchina non è mai stato un *problema*", "le *performance* sono impressionanti". Anche per Dan Gordon è lo stesso: "posso *testimoniare*", "il *miglior veicolo per le consegne*", "*ci pensa lui*".

La famiglia di Paige e Todd ha bisogno di un aiutante per le sfide di tutti i giorni: lavorare, viaggiare, guidare nel traffico. Lo stesso è per Dan Gordon, per il quale, come dicevamo, la scelta di Tesla e Model X risponde a una mentalità, al suo amore per la tecnologia e al suo modo di lavorare.

Proprio in questi giorni sentivo alla radio la pubblicità di un'altra automobile, che diceva qualcosa come "Conosco un luogo dove si trovano i *sogni di una notte* e *i progetti di una vita*, che ti fa venire la *voglia di viaggiare* e il *desiderio di tornare*".

Vedi come i due lessici utilizzati sono diversi?

Il linguaggio del tuo racconto dovrà sempre essere coerente con la storia che scegli di raccontare.

Tesla avrebbe certamente potuto raccontarci la storia di come Model X sia adatta a viaggiare, usando gli stessi toni sognanti della pubblicità di cui ti dicevo qui sopra. Ma in questo modo avrebbe risposto alla nostra paura inconscia secondo cui noi non siamo *ab-*

[52] Se desideri approfondire questo tema, ti segnalo un mio recente lavoro: A. Fontana, *#IoCredoAlleSirene*, cit.

bastanza (smart, tecnologici, intelligenti, riempi a tuo piacimento) per guidare questa macchina?

Ovviamente no, e proprio questo è il punto.

Scegliere quale storia raccontare non dipende dal nostro gusto, ma dal nostro pubblico, e più precisamente dalle sue paure e dai suoi bisogni. Ecco perché le storie di fatti non sono da meno rispetto alle altre linee narrative: tutto dipende da quello di cui il nostro pubblico ha bisogno.

Se ha bisogno di rassicurazioni su quello che noi (e i nostri prodotti) possiamo fare per loro nella vita quotidiana, nelle sfide di tutti i giorni, allora scegliere di raccontare una storia di fatti avrà per loro grande valore.

CHI HA DETTO CHE LE STORIE DI FATTI NON ISPIRANO?

Così di primo acchito sembrerebbe che le storie di fatti non siano adatte a organizzazioni che vogliono raccontarsi per far emozionare e ispirare.

Ci sono aziende che hanno il fondamentale bisogno di arrivare al cuore e alla pancia del pubblico: le loro storie devono colpire e farsi ricordare. Pensiamo per esempio a certe organizzazioni no-profit: noi pubblico faremo donazioni a loro favore e le sosterremo nella loro causa solo se profondamente colpiti e convinti.

Sarebbe quindi naturale pensare che altre linee narrative siano più adatte a raggiungere questo scopo: magari una storia di cura o di legame.

Non è sempre così e un'organizzazione americana ci dimostra che anche raccontando dei semplici fatti è possibile rimanere impressi nella mente del proprio pubblico facendolo emozionare.

Si tratta di The Sandy Hook Promise.

Il nome Sandy Hook forse ti suona tristemente familiare: è il nome della scuola del Connecticut in cui, il 14 dicembre 2012, lo studente Adam Lanza fa irruzione armato e uccide trenta persone tra bambini e docenti. Distrutti dal dolore e determinati a fare in modo che queste tragedie non si ripetano, i famigliari delle vittime fondano allora l'organizzazione no-profit The Sandy Hook Promise. Tra le sue attività, particolarmente importante è quella di prevenzione, il cui scopo è istruire le persone a riconoscere i segnali mandati da un ragazzo che premedita una strage per poter intervenire prima che sia troppo tardi.

Per promuovere il proprio messaggio, l'organizzazione ha diffuso nel dicembre 2016 il video *Evan,* che ha superato su YouTube l'importante cifra di 10 milioni di visualizzazioni.

Evan è il nome del protagonista del video, uno studente che un giorno scribacchia su un banco della biblioteca "Sono annoiato". Quando Evan torna in biblioteca, scopre che qualcuno ha risposto al suo messaggio: "Ciao Annoiato, piacere di conoscerti".

Figura 28 Screenshot tratto dal video *Evan*.[53]

Inizia allora uno scambio di messaggi tra i due, mentre Evan si fa sempre più curioso circa l'identità del misterioso autore: scruta i

[53] https://www.youtube.com/watch?v=A8syQeFtBKc&t=.

suoi compagni di scuola e scorre perfino Instagram, nel tentativo di dare un volto al proprietario di quella grafia.

Figura 29 Screenshot tratto dal video *Evan*.

Finché non arriva l'ultimo giorno di scuola: la biblioteca è chiusa, Evan non potrà vedere se c'è una risposta alla sua domanda lasciata incisa sul banco "Chi sei?".

Ma non tutto è perduto: come si usa nelle scuole americane, i ragazzi si scambiano firme e dediche sull'annuario, l'album che raccoglie le foto di tutti gli studenti. Evan coglie l'occasione: scrive sugli annuari con la stessa identifica grafia usata per incidere i suoi messaggi sul banco della biblioteca.

La sua arguzia viene premiata, una ragazzina riconosce la grafia: i due finalmente si conoscono di persona. Hanno appena iniziato a scambiarsi qualche parola e sorriso, quando nella palestra dove si trovano si spalanca la porta e fa il suo ingresso un ragazzo armato di fucile.

La storia finisce qui: non sappiamo se Evan e la sua nuova amica si salveranno, se il killer riuscirà nei suoi intenti omicidi.

Scopriamo però una cosa: quella figura nera che si staglia in controluce all'ingresso della scuola, quel ragazzino col fucile in mano, era sempre stato lì. Compare la scritta, bianca su sfondo nero:

Mentre tu guardavi Evan, un altro studente mostrava segni di voler pianificare una sparatoria.

Ma nessuno l'ha notato.

La storia ricomincia da capo, la colonna sonora si fa ovattata, l'immagine di Evan in primo piano che scrive sul banco sfuocata. Alle sue spalle, proprio in quella biblioteca, un ragazzino legge una rivista dedicata alle armi da fuoco.

Figura 30 Screenshot tratto dal video *Evan*.

Mentre Evan si guarda in giro per i corridoi, quel ragazzino biondo dietro di lui viene infastidito da alcuni bulli, che gli gettano a terra e distruggono un paio di cuffie.

E noi, inorriditi, scopriamo che non avevamo notato o dato importanza a quel selfie che anche Evan vede scrollando Instagram: una foto di quel ragazzino, mentre punta una pistola contro l'osservatore. E probabilmente nemmeno tu hai notato, nella foto precedente, che il ragazzino dietro Evan sta guardando su YouTube un video di un uomo che imbraccia un fucile.

La violenza da armi da fuoco è prevedibile se ne conosci i segnali, conclude il video.

Di cosa ci ha parlato questo video?

Semplici fatti, in fondo. Cose che effettivamente succedono, a prescindere dal fatto che noi le notiamo o no. E proprio perché si parla di puri e semplici fatti in questa storia, ci rendiamo conto di quanto sia importante imparare a riconoscere i segnali.

Non è una storia che ci mostra quanto il bullismo possa essere terribile nelle sue conseguenze, non è una storia che ci ammonisce sui valori che dovremmo insegnare ai nostri figli. No, questa storia – perfettamente in linea con la cultura americana – ci dice solo: certe cose succedono. Sono successe in passato e, per evitare che si ripetano di nuovo, dobbiamo imparare a prevenire.

In questo video le parole non servono. Nel caso di Tesla avevamo riflettuto sui termini utilizzati dai protagonisti del video, ma qui ci rendiamo conto che, quando la storia è ben congegnata, le parole non servono nemmeno. In realtà, l'unico momento in cui sentiamo la voce di Evan, è proprio alla fine del video, forse anche della sua storia, dato che non sappiamo che esito avrà la sparatoria.

Evan è un protagonista muto proprio come lo è il ragazzino che compie la strage, l'unica differenza tra loro è che uno è stato ascoltato, i suoi messaggi hanno trovato risposta, l'altro no.

Niente parole, quindi, in questo racconto visivo che vuole mettere in luce solo i fatti concreti, che noi li notiamo o no. L'effetto di sorpresa e spaesamento che ci coglie quando il video riparte e notiamo finalmente quel ragazzino biondo ci fa capire immediatamente come anche le storie di fatti possano colpirci, persino con violenza. È un po' lo stesso principio dei romanzi e film gialli: gli indizi che ci fanno capire chi sia il colpevole sono tutti lì, solo che noi spesso non siamo abbastanza attenti per notarli.

LE STORIE INCANTANO CON I FATTI

Partiamo dai temi delle nostre *storie di fatti*. Ripensiamo un attimo a Tesla: cosa ci raccontavano i video *The Electric Family* e *The 8 Keg*

SUV? Niente di straordinario in realtà, bensì la giornata di una famiglia americana e di un imprenditore che hanno scelto Model X come automobile. Quella che vediamo è una loro giornata tipo, in cui l'auto ricopre un ruolo fondamentale.

Anche se ci sembra *improbabile* che Dan Gordon usi la sua nuova e costosa macchina per consegnare barili di birra, di certo non è *impossibile*, dato che vediamo che nel bagaglio di Model X i famigerati otto barili ci stanno tranquillamente. È una storia, dunque, che ci parla di fatti concreti, oggettivi, reali. Le storie di fatti si ispirano alla vita quotidiana, nostra o di altri (attenzione, ricorda che ciò che è quotidiano per noi non lo è automaticamente in altre parti del mondo) e le sfide pertanto saranno a essa direttamente collegate.

Le sfide nelle *storie di fatti* sono collegate di solito alla risoluzione di problemi oggettivi (al problem solving) o alla messa in opera di performance che permettono di raggiungere certi risultati nella vita pratica quotidiana, per questo spesso contengono anche dati e numeri (Model X trasporta esattamente otto barili di birra, giusto?) e danno indicazioni su performance concrete.

Naturalmente i temi e le sfide possono essere presi in considerazione da tante angolature diverse, ognuna delle quali darà alla vostra storia un elemento di originalità.

Tabella 4 Tabella narrativa delle storie di fatti.

Temi	Sfide	Sentimenti	Tesori
• Concretezza • Utilità • Risultati • Performance	• Risoluzione di un problema	• Paura, ansia, inadeguatezza vs • Sollievo per la soluzione	**"Lo scettro del potere"** • Potere sulla realtà • Successo • Compimento

Per esempio, nel caso di Tesla la sfida è quella di gestire i mille impegni della vita quotidiana tra lavoro e famiglia, che rendono necessari lunghi spostamenti in macchina. E allora Tesla si propone come aiutante, perché aiuta i protagonisti (Paige, Dan Gordon, noi stessi) ad affrontare al meglio le giornate in viaggio. Ce lo dice chiaramente Paige: con Model X so che se devo fare una telefonata, se sono imbottigliata nel traffico, metto il pilota automatico e viaggio sicura.

E nel caso di Sandy Hook? Anche qui la sfida è riferita al nostro quotidiano, ma in modo diverso: si tratta infatti di imparare a cogliere i segnali di chi premedita una strage (molto più difficile come sfida di fatti).

Gli ingredienti sono sempre i fatti oggettivi e concreti – la necessità di viaggiare in auto, la necessità di riconoscere i segnali – ma l'elemento di sfida trasforma notevolmente la storia di fatti che stiamo raccontando. Un elemento, però, rimane comune: il ruolo in cui si pone il brand, il prodotto o noi stessi. Che sia un'azienda automobilistica o un'organizzazione no-profit, noi siamo sempre gli *aiutanti* dei protagonisti, attraverso i nostri prodotti o servizi.[54]

Abbiamo parlato di sfide, ma non c'è sfida senza il suo tesoro. Arriviamo primi alla gara di corsa, vinciamo una medaglia. Cuciniamo una cena squisita a dei nostri cari amici, ne otteniamo soddisfazione e orgoglio.

Nel nostro caso, cosa sono i tesori? Sono il premio, la ricompensa che il protagonista avrà superando la sfida (grazie al nostro aiuto). Se questo tesoro lo otterrà il protagonista, allora per esteso lo otterrà anche il nostro pubblico, che si sarà immedesimato in lui e nelle sue sfide.

Il meccanismo è semplice: il protagonista deve affrontare una sfida, io (brand, prodotto, persona) lo aiuto e gli permetto di conquistare un tesoro.

Il mio pubblico si immedesima nel protagonista, avverte le sue stesse tensioni e paure, avverte lo stesso beneficio dato dall'ottenimento del tesoro che io gli ho fatto raggiungere. Grazie al

[54] Cfr. J. Kottler, *Stories We've Heard, Stories We've Told*, Oxford University Press, New York 2015.

potere dell'immedesimazione, io divento portatore di beneficio (*pain-reliefer*) tanto al mio protagonista quanto al mio pubblico.

Il tesoro di Paige è poter affrontare la vita quotidiana in modo sereno, sapendo che la macchina non sarà soltanto un mezzo di trasporto ma un compagno in grado di aiutarla a svolgere il suo lavoro. Il tesoro di Evan e dei suoi compagni di scuola sarebbe addirittura la salvezza, per aver saputo riconoscere dietro l'espressione cupa del loro coetaneo un dramma profondo.

I tesori devono dunque essere, com'è naturale, commisurati alla sfida. Per le storie che abbiamo raccontato, il tesoro in fondo sarebbe quello di condurre una vita serena, senza l'ansia di dover gestire una giornata difficile o la paura di non saper prevedere cosa accadrà. I protagonisti, ciascuno di fronte alle sue sfide, assumono il controllo, non sono più in balìa degli eventi e vengono aiutati a prendere il timone.

Quali sentimenti ci suscitano queste storie?

In realtà possono essere i più disparati, ma in generale potremmo riassumerli in due categorie: da un lato sentimenti negativi – paura, ansia, senso di inadeguatezza – che la sfida genera nei protagonisti; dall'altro i sentimenti positivi che invece scaturiscono dal raggiungimento del tesoro – sollievo, rilassatezza, senso di *empowerment*.

Proprio così, quando parliamo al nostro pubblico di fatti concreti e oggettivi, abbiamo in mano lo strumento che ci consente di farli sentire piccoli piccoli. Ma il nostro ruolo non è quello di metterli in difficoltà, proprio il contrario: aiutandoli a superare queste sfide, il nostro pubblico potrà finalmente prendere in mano lo "scettro del potere".

CHECK LIST DI AUTOVALUTAZIONE

Nelle mie attività di branding...

- Ho individuato i fatti principali con cui potermi raccontare?
- In che modo riesco ad aumentare le performance di vita del mio pubblico?
- In che modo sono utile al mio pubblico?
- Con quali contenuti visivi e scritti rappresento questo tipo di utilità e performance?
- Che emozioni prova – in termini di fatti – il pubblico legato al mio mondo personale e/o aziendale?
- Come mi percepiscono gli altri rispetto ai fatti che porto avanti?
- Ho scelto gli strumenti adatti per rappresentarmi al meglio con le storie di fatti?

CAPITOLO 8
LE STORIE DI POTERE-SALVEZZA: SIAMO QUI PER RISCATTARCI

"Lì dov'è il pericolo c'è anche la via di salvezza."
FRIEDRICH HÖLDERLIN

Come esseri umani siamo fragili e mancanti. Veniamo al mondo prematuri e privi di ogni cosa. Nel bene o nel male qualcuno al momento della nostra nascita ci ha sorretto, ci ha preso in braccio e ci ha accudito. Questo gesto di salvezza atavico continua a risuonare in noi. E anche nei nostri racconti. Non c'è nulla da fare: alle storie di salvezza siamo abituati fin da bambini. Perché se siamo qui *ora*, significa che qualcuno o qualcosa *allora* ci ha salvato, protetto, sostenuto. E poi ci sono tutte le storie che da bambini ci raccontano.

Chi non conosce la storia di Cappuccetto Rosso? Sì, parlo proprio di lei, la bambina che un giorno decide di andare a trovare la nonna che abita in una casetta nel bosco. La nonna però è stata divorata da un lupo, che ha indossato i suoi vestiti e si prepara a tendere un tranello alla bambina.

Nonna, che occhi grandi che hai...
È per vederti meglio, bambina mia.
Che bocca grande che hai...
È per mangiarti meglio!

Il lupo divora in un sol boccone anche Cappuccetto Rosso, tutto sembra ormai perduto. Ma per fortuna arriva il cacciatore, che riesce a uccidere il lupo e ad aprirgli la pancia, da cui escono sane e salve Cappuccetto Rosso e l'amata nonnina.

Ecco qui il format base delle nostre *storie di salvezza*:

- un protagonista in gravissima difficoltà;
- una situazione che sembra senza via d'uscita;
- un aiutante (persona, oggetto, animale, evento...) che porta la salvezza.

In realtà, sintetizzando in due parole: baratro e risalita.

Lutto o perdita: personale o professionale. Affettiva o economica. Insieme alla redenzione. Il riscatto e la liberazione finale dal male sono l'elemento cardine delle storie di salvezza.

ESERCIZIO: *"QUELLA VOLTA CHE... MI SONO SALVATO/A"*

Individua un momento della tua vita in cui hai vissuto una storia di salvezza. Scegli:

- un protagonista in grave difficoltà (puoi anche non essere tu);
- una situazione che sembra senza via d'uscita;
- un aiutante (persona, animale, oggetto, evento) che porta la salvezza.

Ora, prova a raccontarla in 280 caratteri come in un tweet.
Ti aiuto con un esempio:

> Mamma e papà addormentati sotto l'ombrellone: via i braccioli e di corsa in mare. Gioco e inseguo i pesci, ma la corrente mi porta via. Sotto i piedi più niente, più grido più inghiotto acqua salata. All'improvviso, una mano afferra la mia. Mamma.

Io ci sono riuscito in 247 caratteri. Vedi, non è impossibile.

Ora prova tu:

____

____

____

____

IL LUTTO E LA REDENZIONE

La perdita è l'elemento fondamentale delle storie di salvezza.

Quando si perde una persona amata, un lavoro, i risparmi di una vita, o meno gravemente finisce un progetto o una storia d'amore, si vive sempre un momento di rielaborazione.

La "morte" intesa come fine di un momento di vita è l'elemento fondamentale delle storie di salvezza, accompagnata sempre dalla redenzione finale: la catarsi necessaria a seguito di un momento duro, difficile, tragico.

Potremmo addirittura dire che le storie di salvezza sono *storie di morte e rinascita*. Dove qualcosa finisce per sempre e chi rimane deve in tutti i modi andare avanti.

Per raccontare storie di salvezza bisogna mettersi a nudo. Bisogna avere coraggio e autenticità nel dire le cose come stanno e ricordarsi di farlo perché questa è la vita. La fine fa parte del nostro stare qui.[55]

Così ha fatto Cristiano Carriero, amico e professionista che stimo, nel momento di un suo lutto intimo e personale. Ha voluto raccontarlo al mondo su un social media e trasformare questa gravissima perdita in un gesto di salvezza, riparo e condivisione.

[55] Cfr. M. Cometa, *Perché le Storie ci aiutano a vivere. La letteratura necessaria*, Raffaello Cortina Editore, Milano 2017.

Cristiano ha deciso – come molti fanno oggi – di postare su Facebook il momento della morte di sua madre. Qui potete leggere il suo post:

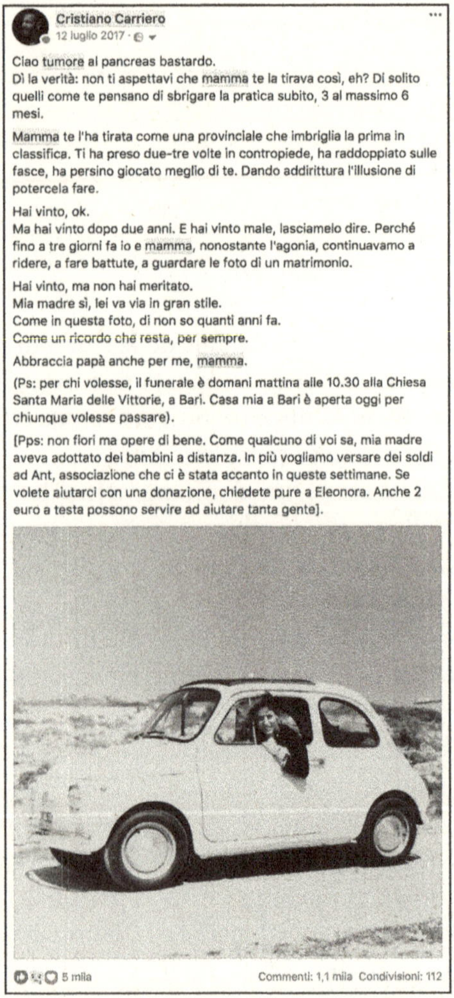

Cristiano Carriero
12 luglio 2017

Ciao tumore al pancreas bastardo.
Dì la verità: non ti aspettavi che mamma te la tirava così, eh? Di solito quelli come te pensano di sbrigare la pratica subito, 3 al massimo 6 mesi.

Mamma te l'ha tirata come una provinciale che imbriglia la prima in classifica. Ti ha preso due-tre volte in contropiede, ha raddoppiato sulle fasce, ha persino giocato meglio di te. Dando addirittura l'illusione di potercela fare.

Hai vinto, ok.
Ma hai vinto dopo due anni. E hai vinto male, lasciamelo dire. Perché fino a tre giorni fa io e mamma, nonostante l'agonia, continuavamo a ridere, a fare battute, a guardare le foto di un matrimonio.

Hai vinto, ma non hai meritato.
Mia madre sì, lei va via in gran stile.
Come in questa foto, di non so quanti anni fa.
Come un ricordo che resta, per sempre.

Abbraccia papà anche per me, mamma.

(Ps: per chi volesse, il funerale è domani mattina alle 10.30 alla Chiesa Santa Maria delle Vittorie, a Bari. Casa mia a Bari è aperta oggi per chiunque volesse passare).

[Pps: non fiori ma opere di bene. Come qualcuno di voi sa, mia madre aveva adottato dei bambini a distanza. In più vogliamo versare dei soldi ad Ant, associazione che ci è stata accanto in queste settimane. Se volete aiutarci con una donazione, chiedete pure a Eleonora. Anche 2 euro a testa possono servire ad aiutare tanta gente].

5 mila Commenti: 1,1 mila Condivisioni: 112

Figura 31 Screenshot tratto dal profilo Facebook di Cristiano Carriero.[56]

[56] https://www.facebook.com/cristiano.carriero.

Riporto integralmente il post di Cristiano perché, non solo mi ha autorizzato a farlo essendo un testo pubblico che lo stesso autore ha deciso di mostrare al mondo su un social, ma soprattutto il testo, pur non essendo uno script commerciale, ha ottenuto degli effetti sociali e di comunicazione importanti.

> Ciao tumore al pancreas bastardo.
> Dì la verità: non ti aspettavi che mamma te la tirava così, eh? Di solito quelli come te pensano di sbrigare la pratica subito, 3 al massimo 6 mesi.
>
> Mamma te l'ha tirata come una provinciale che imbriglia la prima in classifica. Ti ha preso due-tre volte in contropiede, ha raddoppiato sulle fasce, ha persino giocato meglio di te. Dando addirittura l'illusione di potercela fare.
>
> Hai vinto, ok.
> Ma hai vinto dopo due anni. E hai vinto male, lasciamelo dire. Perché fino a tre giorni fa io e mamma, nonostante l'agonia, continuavamo a ridere, a fare battute, a guardare le foto di un matrimonio.
>
> Hai vinto, ma non hai meritato.
> Mia madre sì, lei va via in gran stile.
> Come in questa foto, di non so quanti anni fa.
> Come un ricordo che resta, per sempre.
>
> Abbraccia papà anche per me, mamma.

La mamma di Cristiano non c'è più, eppure non è uscita sconfitta dalla sua battaglia contro il tumore. Non solo ha combattuto, si è difesa con forza e coraggio, ma ha anche deciso, quando la malattia è diventata implacabile, di esserle beffarda. Il tumore, la morte, non hanno potuto strapparle l'ironia. Quella che Cristiano racconta è la storia di una donna che ha deciso di non lasciare che la malattia ne sciupasse il sorriso e il ricordo: anche nella morte, è una storia di salvezza. Da notare poi che dal post – come ormai spesso capita nella dimensione dell'*on life* – è nata un'iniziativa che prende il nome di *Lutto Libero*. Cristiano infatti ha raccolto intorno a sé ventitré autori che esorcizzano la morte e la perdita in un libro, in una raccolta di racconti piena di vitalità e di cui ho avuto l'onore di fare la prefazione[57]. Tutti insieme, per un grande obiettivo: aiutare Ant – Assistenza specialistica gratuita ai malati di tumore e alle famiglie (www.ant.it) con il ricavato delle vendite del libro.

BARATRI CONCRETI, RISALITE INVISIBILI

Stai pensando che sono troppo estremo e processi simili possono essere attuati solo nella dimensione personale della comunicazione? Ti sbagli.

Le storie di morte e rinascita toccano tutti, aziende e individui, persone e professionisti. Ce lo dimostra un grande esempio di branding organizzativo: Mr. Sweeney, l'odioso protagonista della campagna *The World's Biggest Asshole.*

Il titolo parla chiaro: siamo alle prese con un personaggio orribile, un uomo volgare, maleducato e sprezzante verso il prossimo, chiunque esso sia. Coleman Sweeney svuota i cestelli delle lavatrici nelle lavanderie self service per portarsi via un paio di slip femminili col pizzo.

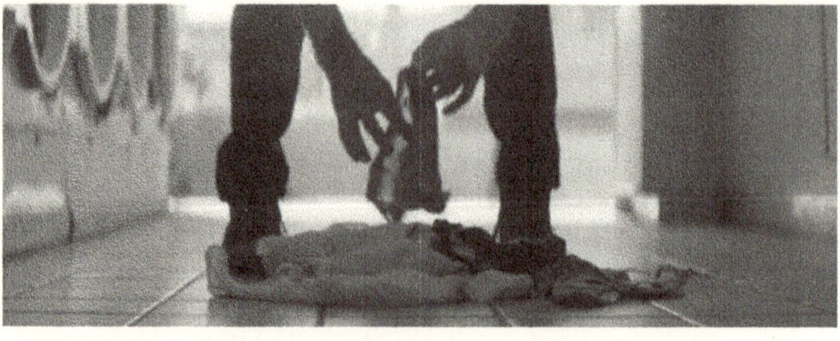

Figura 32 Screenshot tratto dal video *The World's Biggest Asshole.*[58]

[57] Cfr. C. Carriero (a cura di), *Lutto Libero*, Gelsorosso Casa Editrice, Bari 2018.
[58] https://www.youtube.com/watch?v=TeVLxcekEsw.

Coleman Sweeney inveisce dalla sua auto contro un'anziana signora che fatica ad attraversare la strada col suo deambulatore.

Coleman Sweeney cerca di sparare al cane della sua vicina che si intrufola nel suo giardino per sporcare. Comportamento fastidioso, senza dubbio, ma forse impugnare una pistola è una reazione un po' eccessiva. Ma, del resto, Coleman Sweeney è quell'uomo che non esita ad aprire le porta ai bambini che chiedono dolcetto o scherzetto ad Halloween... solo per rubargli il bottino di caramelle, è ovvio.

Figura 33 Screenshot tratto dal video *The World's Biggest Asshole.*

Insomma, un concentrato di cattivi comportamenti, un uomo che sembra voler stare al di fuori di ogni norma della società civile, ci racconta la voce narrante. Finché in questa storia non accade qualcosa di inaspettato.

Coleman Sweeney muore.

E allora accade un'altra cosa ancora più inaspettata: scopriamo che Coleman Sweeney è iscritto all'elenco dei donatori di organi.

Figura 34 Screenshot tratto dal video *The World's Biggest Asshole.*

Nel momento della morte, della fine della sua storia personale, quando ci aspetteremmo che non avrebbe più potuto tentare una redenzione, Coleman Sweeney in realtà risale il baratro, diventando l'eroe di una straordinaria storia di salvezza.

Il suo fegato, ci racconta il narratore, va a Stan, padre di due figli; il suo cuore a una maestra delle elementari, che grazie a lui potrà insegnare per altri venticinque anni; la sua cornea va proprio alla sua ottuagenaria vicina di casa, che finalmente potrà vedere (e pulire) i bisogni lasciati dal suo cane nel giardino di Sweeney.

Figura 35 Screenshot tratto dal video *The World's Biggest Asshole.*

Insomma, *Even an asshole can save a life,* come recita la frase finale del video. Cioè parafrasando: "anche uno stronzo può salvare una vita". Come potrete immaginare, questo irriverente video è stato lanciato da un'organizzazione a sostegno della donazione d'organi, Donate Life America.

Notando un drastico calo delle iscrizioni al registro dei donatori da parte dei millennials, specialmente uomini, nel 2016 l'organizzazione si è rivolta all'agenzia di comunicazione The Martin Agency.

Per catturare l'attenzione di questo pubblico, l'agenzia ha quindi pensato di ricorrere a uno humor piuttosto crudo, ma efficace dal punto di vista dell'immaginario. I comportamenti di Coleman Sweeney infatti non sono al di fuori della legge – nota bene questo aspetto, se il protagonista fosse stato uno spacciatore o un assassino, per esempio, sarebbe stato difficile farci cambiare opinione su di lui, nonostante la donazione d'organi – ma sono al di fuori delle norme del vivere civile. Suonare il clacson a una signora che fatica ad attraversare la strada non è illegale, è incivile. Il suo personale baratro, dunque, era tutto morale, ma anche recuperabile.

Questa *scelta narrativa* diventa ancora più interessante dal momento che viene accostato a una storia di salvezza, che ci aspetteremmo di sentir raccontare in toni appiattiti e banalizzati.

PER CHE COSA VIVONO LE PERSONE?

Forse qualcuno a questo punto potrebbe dire: "Tutto meraviglioso, ma questo si può applicare solo per le organizzazioni umanitarie o no profit".

Dubbio legittimo che però ci togliamo subito di mezzo.

Ovvero? Anche una banca può raccontare una storia di salvezza.

Lo so, hai voglia di fare un commento sarcastico, ma sono sicuro che il caso che fra poco ti racconterò ti strapperà sì un sorriso, ma di tenerezza.

Parlo del video *Dream Rangers* che ha come protagonisti cinque anziani signori di Taiwan (la banca in questione, TC Bank, è taiwanese, infatti) che apprendono della scomparsa del loro amico di gioventù, con cui facevano scorribande in motocicletta. Sono uno più acciaccato dell'altro: l'età media è 81 anni, uno ha problemi di udito, uno ha un tumore, tre hanno problemi di cuore, tutti hanno un'artrite degenerativa. Eppure si chiedono (e ci chiede la voce narrante): per cosa viviamo? Per sentire la mancanza di qualcuno? Per tirare avanti? Per vivere più a lungo? O forse per vivere *davvero*?

Figura 36 Screenshot tratto dal video *TC Bank – Dream Rangers*.[59]

I protagonisti decidono che il loro caso è l'ultimo. E allora stabiliscono di compiere un'avventura incredibile: seguono una preparazione fisica di sei mesi, tolgono la polvere dalle loro vecchie motociclette, e partono per un viaggio di tredici giorni attraverso Taiwan.

Un viaggio non semplice, in cui devono cavarsela da soli affrontando acciacchi e imprevisti. Ma la scena finale ci lascia in bocca un sapore dolce, di speranza: tutti e cinque, in riva al mare, a guardare l'alba, come in quella foto di gioventù che custodiscono gelosamente. Erano in sei nella foto: c'erano anche la moglie di uno di loro e l'amico scomparso. In qualche modo sono anche loro su quella spiaggia: gli amici tengono in mano le loro fotografie, rivolte verso il mare.

[59] https://www.youtube.com/watch?v=vksdBSVAM6g.

Figura 37 Screenshot tratto dal video TC *Bank – Dream Rangers.*

Una storia toccante, dove il desiderio di risalita dal baratro di una vita vuota e grigia ci arriva forte e chiaro. La salvezza non è nei medicinali che allungano semplicemente la vita, se poi questa viene passata a fissare il muro chiusi in casa. Vedi, il potere delle storie di salvezza è quello di illuminarci con un faro di speranza quando tutto è buio e cupo. Non a caso le abbiamo chiamate, in realtà, *storie di potere-salvezza.*

E la banca, in che modo si ricollega a questa storia? Con una semplice frase, che chiude il video: *Per persone ordinarie con sogni straordinari.*

Sono persone ordinarie, i nostri protagonisti, che hanno lo straordinario sogno di vivere una vita piena: a sostenere questo sogno, la loro banca.

Non viene venduta nessuna polizza. Non si indica nessun servizio consulenziale o finanziario. Solo un posizionamento semplice con una frase che dà il compimento finale alla storia e l'immagine sopra che suggella una vita. Scegli le tue immagini e le tue frasi con cura. Arricchisci l'immaginario e non creare altro inutile rumore.

DAL BUIO ALLA LUCE

La storia di Coleman Sweeney ci incuriosisce, non sappiamo dove ci porterà la sua escalation di malefatte, ma col colpo di scena finale capiamo improvvisamente quanto una semplice firma possa fare la differenza, non solo per salvare altre vite, ma anche la nostra. La storia dei cinque motociclisti è costruita in modo più progressivo, vediamo il momento del baratro, quello della scelta, il percorso di preparazione che li porta a risalire in sella alle loro moto. Allo stesso modo, però, non sappiamo bene dove vogliano andare a parare: è nella scena finale che tutto ci appare improvvisamente chiaro, quando vediamo quella vecchia fotografia in riva al mare e loro, in riva a quello stesso mare, con gli amici che non ci sono più.

ESERCIZIO: "PER CHE COSA VIVE IL TUO BRAND?"

Quali sono le cose per cui tu o la tua marca vivete?
Elencale.

____

____

____

____

____

____

____

____

____

____

Ti dico le "cose" per cui vivo io:

- Il sapore del caffellatte che la nonna mi faceva da bambino e che ogni tanto ritrovo nell'espresso della mattina.
- Il "facciamo finta che..." dei giochi che faccio con Sofia e Alice.
- Il calore del sole di certe mattine di inizio estate.
- I sogni di futuro dei miei colleghi e dei miei collaboratori che mi fanno alzare dal letto tutte le mattine.
- Gli occhi pieni di incertezza dei miei studenti che mi chiedono orientamento per il futuro.
- Il messaggio di qualcuno che mi scrive in qualche chat e mi ringrazia per essere stato di ispirazione in un momento complicato della sua vita.
- Le mani ruvide dei miei clienti che con fatica provano a resistere alle varie crisi.
- I rimproveri e i consigli di Michele, Giuseppe e Duccio. Maestri e mentori che hanno creduto in me, a volte facilitandomi, a volte ostacolandomi profondamente.
- Il tentativo di trovare rimedio al dolore delle nuove povertà: non posso vedere un essere umano sotto un bancomat.
- La voglia di imparare ad accogliere chi attraversa un mare per venire qui.
- La presenza di mia moglie che mi ha trasformato completamente facendomi diventare autentico.
- La telefonata della sera con mia madre che mi chiede: "Come stai?" e mi dice: "Tutto bene".
- Le cene con mia sorella e suo marito in cui parliamo del mondo e della vita, ma soprattutto del più e del meno.
- L'eredità morale della mia famiglia che mi ha insegnato a credere nell'oltre.
- Lo sguardo di mio padre a cui ho fatto una promessa la sera in cui è morto fra le mie braccia e il calore dei suoi cari.
- La sensazione di "non essere solo".
- Il vento di tramontana che mi gela e mi fa sentire vivo.
- La parmigiana di melanzane.

Due modi leggermente diversi dunque raccontare il baratro e la risalita, ma accomunati da un dettaglio molto interessante. Se, raccontandoti le storie di fatti, avevo guidato la tua attenzione sulla scelta lessicale, questa volta voglio farti notare l'aspetto visivo, la fotografia, come si dice in gergo cinematografico.

Il momento della risalita dal baratro infatti lo percepisce inconsciamente anche il nostro occhio: guardando i video noterai come le scene in cui si racconta la vita di Sweeney siano dominate da un'atmosfera piuttosto grigia, che scompare nel momento della sua morte. Sul letto d'ospedale, dove la dottoressa stringe la mano ormai fredda di Sweeney, tutto si illumina di una luce chiara, quasi accecante. Non è un caso che la scatola contenente gli organi donati, che vediamo poco dopo, sia trasportata dal dottore che cammina verso il sole, fonte di luce, come se fosse una nuova alba. Allo stesso modo le scene iniziali del video *Dream Rangers* sono cupe, tetre, così come sono in quel momento le loro vite, offuscate dalla paura della morte, dalla sofferenza per chi non c'è più. Poi però si mettono in viaggio, e improvvisamente il video si riempie di luce, fino ad approdare alla scena finale, dove i protagonisti sono immersi in un'accecante luce calda, la luce dell'alba.

Ti ricordi la conversione di San Paolo?

Paolo, romano che perseguitava i cristiani, si trova sulla via di Damasco, quando improvvisamente viene colpito da un fascio di luce abbagliante che lo fa cadere da cavallo e lo acceca.

È il momento della sua conversione, Paolo rinasce spiritualmente a nuova vita diventando cristiano e cominciando la sua predicazione.

Guarda come Caravaggio ritrae il momento della conversione.

C'è il fascio di luce come nel testo biblico, è ovvio, ma intorno a lui tutto è avvolto da un buio profondo, un buio che non rappresenta la notte, ma la sua anima. Ce lo dice a chiare lettere proprio San Paolo, nella Lettera agli Efesini: *Se un tempo eravate tenebra, ora siete luce.*

Figura 38 Caravaggio, *La conversione di san Paolo*, 1601, 230 x 175 cm, Basilica di Santa Maria del Popolo, Roma.

Il baratro e la risalita, rappresentati come il buio e la luce. Anche se noi non ce ne rendiamo conto, il nostro immaginario è costruito su queste simbologie e le percepiamo immediatamente quando ci vengono presentate.

Il video *The World's Biggest Asshole* non presenta il contrasto buio-luce in maniera così marcata come fa Caravaggio, ma comunque percepiamo un cambiamento nella luminosità delle scene; anche senza l'aiuto della voce narrante e della scritta "Human Organ for Transplant" sulla scatola trasportata dal medico intuiremmo comunque che qualcosa è cambiato, che c'è una nuova luce che splende su Coleman Sweeney, che la sua risalita è iniziata.

Salvare tutti, per salvare se stessi

Il buio e la luce, il baratro e la risalita, sono i due ingredienti che non possono mai mancare nella formula della nostra storia di salvezza. Dopo questi, possiamo condire a piacere.

La salvezza infatti può essere del corpo – come per le persone che hanno ricevuto gli organi di Mr. Sweeney o come Cappuccetto Rosso – o dell'anima, come nel caso di San Paolo, dei cinque motociclisti e di Sweeney stesso.

Il momento della svolta, che determina la risalita e la salvezza finale, non deve per forza avvenire durante la vita del protagonista, come Sweeney insegna.

Arriviamo quindi a scoprire un'altra possibile sfaccettatura delle storie di salvezza: finora abbiamo parlato di un protagonista unico (una sola persona o un gruppo con tratti in comune molto forti), ma la storia può anche essere universale.

Prendiamo il caso di Chipotle, una catena americana di ristoranti mexican grill. Non è proprio un fast food come McDonald's, ma nemmeno se ne allontana più di tanto.

Proprio per differenziarsi dalle catene di fast food, Chipotle ha definito come propria mission *Food with integrity,* ovvero la ricerca dei migliori ingredienti animali e vegetali, appoggiandosi a produttori attenti al benessere animale e alle coltivazioni biologiche.

**LE STORIE DI SALVEZZA
POSSONO ESSERE ANCHE STORIE DI...**

- Via di scampo
- Difesa
- Liberazione
- Riparo
- Rifugio
- Tutela

Sul loro sito web[60] spiegano infatti questa attenzione per l'origine dei prodotti con la comprensione del profondo legame tra la preparazione del cibo e il suo gusto, nonché il suo impatto sulla salute.

We work to cultivate a better world è il loro claim, e con una dichiarazione d'intenti del genere verrebbe naturale pensare che, nelle loro pubblicità, ci racconteranno una storia di valore.

Nel video lanciato per promuovere la loro mission, invece, non c'è solo questo aspetto. Certo, non possiamo prescindere dalla componente valoriale in una storia di questo tipo, ma come vedremo nel capitolo finale di questo libro le linee narrative si intrecciano e confondono.

Quella raccontata nel video *Back to the Start,* però, è più propriamente una storia di salvezza. Si tratta di un breve corto animato il cui protagonista è un allevatore, che conosciamo nella prima scena con la moglie e il figlioletto appena nato. Nel suo bucolico allevamento, un rigoglioso prato verde puntellato di alberi, gli animali scorrazzano liberi.

Figura 39 Screenshot tratto dal video *Back to the Start.*[61]

[60] https://www.chipotle.com/, consultato in data 11/01/2018.
[61] https://vimeo.com/42713491.

Inizia una giornata di lavoro e l'allevatore si mette all'opera. Piano piano, vediamo come tutto cambi. Dal principio costruisce recinti e stalle per le mucche e i maiali, ma da un momento all'altro ci troviamo a guardare una catena di montaggio, dove i maiali vengono messi su un nastro trasportatore e, imbottiti di medicinali e integratori, si gonfiano come palloncini.

La ragione di questo cambiamento ce la spiega, anzi ce la canta, Chris Martin dei Coldplay, dal momento che la loro canzone *The Scientist* è la colonna sonora del video.

Un'altra canzone non sarebbe tanto adatta, dal momento che, mentre vediamo i maiali scorrere sul nastro trasportatore verso la pressa che li trasformerà in cubetti rosa, sentiamo distintamente la voce di Chris Martin cantare *Questions of science, science and progress...*

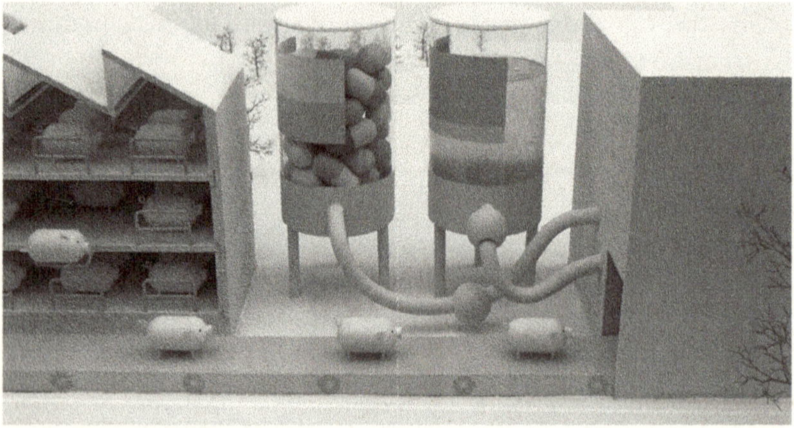

Figura 40 Screenshot tratto dal video *Back to the Start.*

Mentre i camion carichi di cubetti si allontanano su enormi autostrade in un paesaggio ormai industrializzato, dove è sparito ogni altro colore eccetto il grigio, cala la notte e il nostro allevatore non può fare a meno di rimuginare su ciò che il suo lavoro, e in fondo anche lui stesso, è diventato.

E allora...

I'm going back to the start.

Corre verso il suo allevamento, distrugge le stalle, apre i recinti. Sorge un nuovo giorno e gli animali tornano a essere liberi mentre il piccolo mondo che abbiamo conosciuto torna a essere un posto luminoso dalla natura lussureggiante. Niente più catene di montaggio, niente più produzioni industriali: solo una cassettina di uova, piccola, in legno, che il nostro allevatore carica su un camion Chipotle.

La coscienza del nostro protagonista è salva, ma soprattutto sono salvi anche il pianeta in cui viviamo e tutti noi.

Figura 41 Screenshot tratto dal video *Back to the Start.*

Adesso che inizi a masticare meglio queste storie, sono certo che non ti sarà sfuggito questo dettaglio. Guarda il video e presta attenzione alle immagini: vedrai come i colori dell'inizio e della fine sono luminosi, mentre le scene intermedie che mostrano la trasformazione dell'allevamento in una fabbrica sono dominate da toni grigi e spenti. Addirittura è di notte il momento in cui il nostro allevatore si rende conto di cosa il suo lavoro sia diventato e ha il momento di "conversione", mentre quando corre a liberare gli animali sorge una nuova alba. Ormai a questi dettagli ci abbiamo fatto l'occhio!

LE STORIE CHE CI SALVANO

Le storie di salvezza ci presentano due momenti fondamentali: il momento della debolezza, del dubbio, dell'errore, e il momento della luce, della rinascita fisica e/o morale.

Se vuoi raccontare una storia di salvezza, tieni bene a mente questi due momenti distinti che dobbiamo far percepire al nostro pubblico utilizzando tutti gli strumenti del nostro immaginario, non solo lessicale, ma anche visivo e sonoro.

Il video di Coleman Sweeney è accompagnato da una voce narrante che ci spiega cosa sta succedendo, e la dicitura che compare su sfondo nero *Even an asshole can save a life* rafforza ulteriormente il concetto: è impossibile che ci sfugga, come potrebbe capitare con una frase detta dal narratore. Molto simile è il video di *Dream Ranger*, dove la voce narrante ci racconta le peripezie dei protagonisti, ma, bada bene, lascia che gli elementi più suggestivi del racconto li scopriamo da soli, per esempio non ci dice che i motociclisti vanno su quella stessa spiaggia dove sono stati da giovani, lo capiamo da soli dall'accostamento di scene della vecchia fotografia e del momento attuale.

Però avrai anche notato che il video di Chipotle non è spiegato allo stesso modo, ma è accompagnato da una canzone il cui testo ha sicuramente un significato calzante per la storia. La sostiene e la rinforza, ma se anche vedessimo il video senza audio, capiremmo perfettamente la trama.

Se questi due momenti opposti del baratro e della risalita sono i due ingredienti fondamentali, la sfida per i nostri protagonisti allora sarà riuscire a varcare la soglia: superare il buio e arrivare alla luce, risalire il baratro, superare la difficoltà. Elaborare in qualche modo il lutto, la perdita: personale e/o professionale, economico e/o affettiva.

In alcuni casi possono riuscirsi da soli, come se fosse un'epifania, come accade per l'allevatore di Chipotle o per gli ottuagenari motociclisti (attenzione però, questo non significa che il brand sia inutile, anzi, è lì per sostenere l'allevatore nella sua idea di mondo migliore e gli anziani signori nei loro sogni), in altri casi dipende da una scelta che i protagonisti compiono (la libera scelta di Sweeney di iscriversi al registro donatori), in altri casi ancora arriva in soccorso qualcuno, come il cacciatore per Cappuccetto Rosso.

Hai visto come la salvezza sia spesso un fenomeno collettivo?

I protagonisti, con le loro scelte, non solo influenzano la loro possibilità di *redenzione* e il loro destino, ma anche il destino di molti altri. Il tesoro delle storie di salvezza è una *nuova alba*, la possibilità di credere in un futuro migliore, in questa vita o altrove, la consapevolezza di non aver sprecato la propria esistenza ma di averla vissuta appieno, di aver lasciato qualcosa. E l'alba non è fatta per essere vista da una persona sola, tienilo a mente per le storie di salvezza che vorrai raccontare: se la risalita dal baratro che il protagonista compie ha un effetto a cascata anche su tutti gli altri personaggi, il suo effetto e la sua capacità di risonanza nel pubblico saranno amplificati.

Tabella 5 Tabella narrativa delle storie di salvezza.

Temi	Sfide	Sentimenti	Tesori
• Liberazione • Rifugio • Nuova speranza • Passione per la vita • Andare avanti nonostante tutto • Resilienza	• Ricominciare da capo • Elaborare una perdita • Superare un dolore • Portare sollievo a se stessi o alla propria comunità	• Tristezza, disperazione, solitudine, dolore, depressione vs • Consolazione nella tribolazione e sollievo per la perdita • Speranza	**"La nuova alba"** • Redenzione • Riscatto • Espiazione

I sentimenti che le storie di salvezza ci suscitano sono duplici: da un lato, dobbiamo considerare quelli che sono causati dalla percezione del baratro, e allora entrano in gioco paura, sconforto, senso di impotenza. Tieni presente che dipende poi dalla natura di questo baratro: Coleman Sweeney in realtà ci fa anche sorridere, amaramente forse, ma sorridere, mentre con Chipotle questo non avviene, anzi siamo un po' disgustati dal vedere gli animali, che poi diventeranno la nostra bistecca, imbottiti di medicinali. Quando però assistiamo alla risalita, è come se prendessimo una boccata d'aria fresca: la sensazione è proprio quella di tornare a respirare, ci sentiamo di nuovo fiduciosi, ottimisti, confortati. Oserei anche dire liberati. Come se i beneficiari di quella storia di salvezza, in fondo, fossimo proprio noi.

CHECK LIST DI AUTOVALUTAZIONE

Nelle mie attività di branding...

- Ho individuato gli elementi di salvezza con cui potermi raccontare agli occhi del mio pubblico?
- Per che cosa vivo o vive il mio brand?
- In che modo riesco ad aumentare speranza, passione e resilienza nelle storie di vita del mio pubblico?
- Perché e come ho deciso di raffigurarmi in qualità di portatore di un sollievo?
- Con quali contenuti visivi e scritti rappresento questo tipo di consolazione e speranza?
- Che emozioni prova – in termini di "riscatto" – il pubblico legato al mio mondo personale e/o aziendale?
- Di quale "nuova alba" sono artefice?
- Come mi percepiscono gli altri rispetto alla dimensione di "nuova alba" che porto avanti?
- Ho scelto gli strumenti adatti per rappresentarmi al meglio con le storie di salvezza?

CAPITOLO 9
LE STORIE DI TRASFORMAZIONE: LA MORTE NON PUÒ VINCERE

"È il cambiamento, il cambiamento continuo, il cambiamento inevitabile, che è il fattore dominante nella società odierna. Nessuna decisione sensata può essere più compiuta senza tenere conto non solo del mondo come è ora, ma di come sarà... Questo, a sua volta, significa che i nostri uomini di Stato, i nostri imprenditori, i nostri uomini comuni, devono orientarsi verso un modo di pensare fantascientifico."

ISAAC ASIMOV

Tutta la vita è una continua mutazione. Una modifica costante della realtà. A volte questo cambiamento è una scoperta positiva, altre volte invece una sorpresa tragica. Ma non c'è nulla di più eccitante – nel bene e nel male – di una avventura portata dalla necessità di cambiare

Come diceva Lavoisier: *Nulla si crea, nulla si distrugge, tutto si trasforma.*

È questo il concetto base delle storie di trasformazione: quello che abbiamo qui davanti, ora, non è la "verità". La verità deve ancora venire e la troviamo nella metamorfosi, nella conversione, nella trasfigurazione.

Sei pronto a portare il rinnovamento?

MALEDETTO OLIMPO

Le storie di trasformazione risuonano molto profondamente in noi. Vanno a toccare corde della nostra coscienza culturale intime e profonde, alimentate da altre storie consonanti antiche di secoli.

Proviamo a semplificare il più possibile il format delle storie di trasformazione e andiamo allo scheletro narrativo.

Cosa contengono le storie che trasformano? Solitamente:

- una persona (o più di una) che affronta grandi imprese
- affinché il grande compito possa suscitare un cambiamento profondo (di sé o degli altri).

Se, al posto di *imprese,* parlassi di *fatiche,* credo che sentiresti subito dentro di te un'eco lontana.

Già, ricordi bene: Ercole. Le storie di trasformazione ricalcano il racconto mitologico di Ercole e delle sue dodici fatiche.

Nella mitologia greca, infatti, il leggendario eroe, figlio di Zeus ma non di natura divina, si trova ad affrontare sfide titaniche per guadagnarsi l'immortalità.

Uccidere l'Idra di Lerna, rubare le feroci cavalle di Diomede, portare a Micene il temibile Cerbero, il cane a tre teste custode degli Inferi, sono solo alcune delle imprese che l'eroe viene chiamato a superare per trasfigurarsi. Il premio di questi grandi sforzi è, infatti, una trasformazione radicale: completate le dodici fatiche, Ercole acquisisce finalmente l'immortalità ed entra di diritto nell'Olimpo con tutti gli altri dèi.

Una grande fatica, un grande cambiamento: ecco allora che le storie di Ercole, l'eroe greco per antonomasia, sono le nostre storie di richiamo verso l'Olimpo.

Non ci trasformiamo per essere più forti, belli, sexy... per diventare più magri o più grassi, questa è solo la scusa di facciata. Facciamo le nostre fatiche perché vogliamo abitare nel regno degli dèi.

Maledetto Olimpo che continua a richiamarci.

La prima lezione da apprendere è quindi questa: se vuoi raccontare storie che trasformano devi scendere dall'Olimpo e trasfigurare le tue persone.

L'OLIMPO SI PRENDE DI CORSA?

Una fredda mattina di gennaio: intirizzito dal gelo, cammini a passi rapidi verso la fermata dell'autobus. Un'altra giornata di lavoro.

Passi in rassegna le cose che dovrai fare una volta uscito dall'ufficio: andare a prendere i ragazzi a scuola, fare un salto al supermercato per raggranellare qualcosa per cena, ricordarsi di chiamare l'idraulico per quel rubinetto che perde ormai da mesi.

Arrivato alla fermata, scruti il tabellone luminoso sperando che non segnali ritardi. A un tratto, accanto a te passa sfrecciando una signora sulla cinquantina: armata di cappellino, guanti e tuta catarifrangente, è chiaramente una di quelle persone che non rinuncerebbero al jogging neanche di fronte a una tempesta di neve.

Scuoti la testa, con un misto di ammirazione e perplessità.

Ma chi glielo fa fare...

Ci pensi su, osservandola mentre si allontana spedita.

La corsa è una cosa che mi sono sempre ripromesso di fare, è una di quelle cose che dici "domani vado a correre" poi arrivi a casa dal lavoro... "faccio domani", poi ancora "faccio domani", e domani diventa mai...

Parole e discorsi comuni: almeno una volta li abbiamo sentiti o pronunciati.

A dirla tutta, proprio queste parole sono state utilizzate da uno dei partecipanti dell'edizione 2015 della mezza maratona di Milano nonché protagonista di *Un passo per il tuo cuore,* webserie targata Megared, un'azienda che produce integratori di Omega-3.

I commenti sotto il video teaser, che conta più di due milioni di visualizzazioni su YouTube, sono un tripudio di complimenti e di storie personali: tra chi vorrebbe partecipare al progetto e chi invece racconta di come, ispirato dalle storie dei protagonisti, abbia deciso di iniziare ad allenarsi per la mezza maratona.

Come può un brand che produce integratori – niente di entusiasmante o commovente, siamo sinceri – smuovere nel profondo così tante persone? Come si fa a rendere *vicina* una pastiglia di Omega-3?

Queste stesse domande probabilmente se le è poste Megared, e la risposta che ha trovato è stata quella di prendere otto persone sedentarie sopra i trentacinque anni, per le quali lo sport non è una consuetudine, e allenarle per correre i ventuno chilometri della Stramilano.

Il loro percorso, durato quattro mesi, è stato documentato e portato su YouTube con una miniserie di diciannove brevi episodi, di una manciata di minuti ciascuno.

Figura 42 Screenshot dalla sigla di *Un passo per il tuo cuore.*[62]

Già dai primissimi episodi, dove assistiamo al check fisico e alla stesura del piano di allenamento, entriamo in sintonia con gli otto protagonisti: c'è Luca, un po' preoccupato dal dolore fisico e c'è Laura, che desidera fare qualcosa per se stessa dopo tanto tempo. *Trasformarsi* insomma.

[62] https://www.youtube.com/watch?v=Iy9KxyUsq8w.

Ognuno ha le sue paure, ognuno le sue motivazioni che lo spingono a superarle per *trasfigurarsi*.

Tutti, però, sono accomunati da una cosa: la loro è una storia di *sacrificio* e *mutamento*; *sforzo* e *ricompensa*.

Non semplicemente quella del corpo che ritrova un buon tono muscolare e di salute, ma anche e soprattutto di persone che raccolgono questa sfida e ne escono cambiate.

IL PREMIO NON È LA VITTORIA FINALE

Se vuoi costruire storie di trasformazione devi capire una cosa basilare. Qui l'importante non è la vittoria finale. L'essenziale sta nella sfida con se stessi e nel percorso compiuto per portare A verso Z. Non ci interessano il cane Cerbero, l'Idra o il toro di Creta, la cosa vitale è arrivare all'Olimpo.

I protagonisti di *Un passo per il tuo cuore*, infatti, erodono i confini della loro comfort zone, capiscono che la loro grande paura – la fatica fisica, il dolore – è solo un tassello di un mosaico più ampio e come tale può e deve essere superato, aiutandosi l'un l'altro e traendo forza dal gruppo.

Seguendo gli episodi della serie, scopriamo con loro la difficoltà di iniziare a correre, la fatica di allenarsi sotto la pioggia e la paura di non essere all'altezza. Ci sentiamo più o meno vicini a questi uomini e donne che, sommersi come noi dagli impegni della vita quotidiana, devono trovare la forza di infilare le scarpe e affrontare allenamenti estenuanti.

Il tesoro che però i protagonisti scoprono – e noi con loro – è di inestimabile valore: è sempre possibile dare una *svolta* alla propria vita. E se la motivazione vacilla, c'è qualcuno accanto a te su cui puoi contare per correre i metri che ti mancano.

E allora, in quest'ottica, non è nemmeno più importante il piazzamento in classifica alla Stramilano: mentre i protagonisti in coda a tutti i maratoneti macinano chilometri, dietro di loro gli organizzatori iniziano a smontare la segnaletica del tracciato.

Neanche a dirlo, arrivano ultimi, quando ormai al traguardo non c'è più nessuno se non il team Megared: ma per loro la medaglia c'è lo stesso, insieme alla consapevolezza di aver vissuto un'esperienza che li ha profondamente cambiati. A prescindere dal podio.

RENDERE VISIBILE IL CAMBIAMENTO

Anche Chiara Ferragni è protagonista di una storia di trasformazione. Non te l'aspettavi, vero? Faccio un passo indietro.

Chiara Ferragni è la fashion blogger più celebre e quotata del mercato, anzi è quella che, in verità, si è inventata il lavoro della fashion blogger. Dietro un profilo Instagram da 11,7 milioni di follower, c'è un'azienda con un fatturato milionario che, fino a poco tempo fa, non era in realtà guidata da Chiara Ferragni stessa.

L'idea di business infatti era nata in collaborazione con Riccardo Pozzoli, suo ex fidanzato, che notando la sua passione per la moda le propose di aprire quel blog, *The Blonde Salad*, che ha lanciato il successo mondiale della Ferragni. Lei ci ha messo la creatività, insomma, lui il piglio manageriale. Fino a dicembre 2017, quando Chiara Ferragni diventa CEO della sua azienda. Guarda come lo racconta sul suo profilo Instagram.

Figura 43 Screenshot tratto dal profilo Instagram di Chiara Ferragni.[63]

La storia che ti ho raccontato poco sopra è già una storia di trasformazione in sé (la ragazza appassionata di moda che diventa influencer mondiale e poi CEO), e il modo in cui la stessa Chiara Ferragni la racconta sul suo profilo rinforza ulteriormente questa trasformazione. Lei stessa ce lo dice:

> Sono stata sempre vista "solo come il talento", adesso voglio cambiare questa percezione e mettermi alla prova.

Una trasformazione, quindi, che riguarda in primo luogo se stessa, ma anche la percezione che gli altri hanno di lei. Le storie di trasformazione cambiano noi e come ci vedono gli altri.

E ci racconta questa storia pubblicando la foto di una copertina che, questa volta, non è di Vogue o di un magazine di moda, ma dell'inserto "L'Economia" del *Corriere della Sera*.

[63] https://www.instagram.com/p/Bc1l8u_j7AO/?hl=it&taken-by=chiaraferragni.

Questo post è del 18 dicembre 2017. Visto che stiamo parlando di moda, non posso non farti notare l'abbigliamento di Chiara e lo scenario della foto che pubblica sempre su Instagram il giorno dopo.

Figura 44 Screenshot tratto dal profilo Instagram di Chiara Ferragni.[64]

Una vera business-woman, una donna in carriera a tutti gli effetti. E quell'Olimpo che, nel terzo millennio, diventa un grattacielo.

Interessante come una trasformazione si possa raccontare anche solo con una foto, vero?

TU: AIUTANTE DISCRETO

Un'altra cosa importante nelle storie di trasformazione è il tuo ruolo come aiutante. A differenza delle storie di fatti e di salvezza, dove l'aiutante (persona, marca, prodotto, servizio) è importantissimo perché porta la soluzione finale, nelle storie di trasformazione tu sei un aiutante riguardoso, riservato, discreto. L'Olimpo non va sbattuto in faccia. Ti ricordi? Si diceva che fosse in cima al monte Olimpo

[64] https://www.instagram.com/p/Bc4bPyOjEUq/?hl=it&taken-by=chiaraferragni.

appunto, ma nessuno l'aveva mai visto per davvero. Era lì, invisibile, ma c'era. Era ed è un'ispirazione.

Qual è infatti il ruolo di Megared in tutta l'operazione di branding? In fondo la webserie è prodotta da loro, ci aspetteremmo di vedere le pastiglie di Omega-3 presentate come gli spinaci di Braccio di Ferro.

Invece no, nel corso degli episodi Megared si propone come un semplice aiutante, un integratore per la normale dieta e un piccolo supporto che serve ad alleviare le infiammazioni causate dagli allenamenti, ma che, di fatto, rimane ai margini di questa piccola epopea quotidiana.

La pastiglia di Omega-3, infatti, non è la bacchetta magica che trasforma il sedentario in runner, ma è quella che aiuta dal punto di vista fisico i protagonisti a mettere in atto un cambiamento prima di tutto mentale ed esistenziale.

Questo aspetto è un importante insegnamento: in tutte le tue storie, ma soprattutto in quelle di trasformazione, pensa bene a quale ruolo dovrai avere. In che modo il tuo brand aiuta i protagonisti a trasformarsi? L'effetto spinaci di Braccio di Ferro – il rimedio miracoloso, istantaneo, che tutto può fare – è una tentazione allettante, ma forse non è il posizionamento adatto a te. Il pubblico non sempre gradisce l'effetto bacchetta magica, non è percepito come autentico, suscita un po' di diffidenza.

Se nel primo episodio di *Un passo per il tuo cuore* l'integratore di Megared fosse stato presentato come la pastiglia miracolosa, sono certo che tutti avremmo chiuso YouTube con una pessima idea del brand. La solita marchetta, insomma.

Invece, facci caso, la pastiglia non viene nemmeno nominata. In realtà fa la sua comparsa una manciata di puntate dopo, nell'episodio 5, quando i protagonisti mostrano le loro feste di Natale e qualcuno menziona la pastiglia che assume ogni giorno. Tutto qui.

I PRODOTTI E I SERVIZI NELLE STORIE DI TRASFORMAZIONE...

Servono per generare la trasfigurazione o il mutamento finale dei protagonisti (che sono i tuoi clienti, i tuoi consumatori, i tuoi stakeholder finali ecc.). Possono servire almeno per queste funzioni:

- Potere: aumentare le loro performance.
- Impegno: generare più intensità nella loro volontà di fare.
- Attenzione: dare vigore alle loro doti di riflessione e concentrazione.
- Consapevolezza: portarli a un livello maggiore di "coscienza di sé" (stima, coraggio, rispetto).
- Durata: incrementare la resistenza alla fatica.

TU (MARCA, PERSONA) SEI...

- Sostegno (fisico | spirituale).
- Direzione.
- Ispirazione.
- Piedistallo (del tuo Ercole).

A noi pubblico, infatti, interessano i protagonisti, le loro storie. È lo stesso principio dei talent show, di qualunque genere essi siano: Masterchef, X Factor, la ricetta è sempre la stessa. Persone normali che vengono messe di fronte a sfide sempre più difficili, migliorano, forgiano il proprio carattere, e si trasformano in cuochi, in cantanti, in qualcosa di diverso rispetto a quando avevano iniziato. Non a caso quando un concorrente di uno di questi format viene eliminato, solitamente la regia fa vedere tutta la sua storia: le gioie, i fallimenti, le insicurezze iniziali e le grandi vittorie.

Il successo in termini di pubblico racconta quanto la webserie di Megared sia stata percepita come autentica e genuina, non un semplice tentativo di vendere un prodotto: alle 500.000 visualizzazioni medie per ogni puntata, si accompagnano numerosissime testimonianze di stima ed entusiasmo.

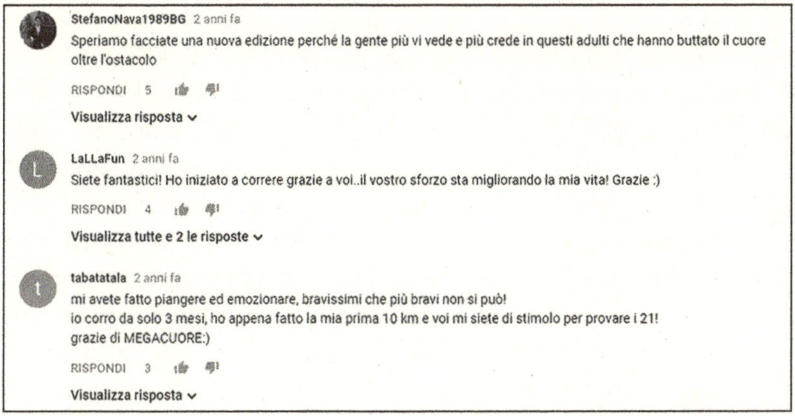

Figura 45 Screenshot tratto dai commenti all'episodio 18 di *Un passo per il tuo cuore.*[65]

La scelta di pubblicare i video seguendo lo sviluppo degli allenamenti e non a fine progetto si è rivelata vincente: oltre a suscitare grande coinvolgimento degli utenti online, nella puntata in cui finalmente i neo-atleti corrono la mezza maratona non mancano le scene in cui gli altri partecipanti si fermano per scattare assieme una foto o li incoraggiano durante la gara.

NON SOLO PERSONAGGI MA ANCHE PERSONE

Sintonia e coinvolgimento emotivo.

Nascono dal modo in cui racconti nelle storie di trasformazione protagonisti che non sono solo personaggi, ma che rappresentano persone autentiche e normali che si mettono in gioco in una sfida solo apparentemente più grande di loro.

Ecco qui un'altra grande lezione che dobbiamo imparare per costruire le nostre storie di trasformazione: parlare di *persone,* non di personaggi.

[65] https://www.youtube.com/watch?v=4nRokHXSgdk.

Non costruire protagonisti fittizi, stereotipati, che magari in realtà sembrano già perfetti e non hanno niente da migliorare.

I tuoi protagonisti devono essere umani tanto quanto il tuo pubblico, per cui possono e devono sbagliare, possono e devono avere dei difetti, altrimenti non c'è spazio per potersi immedesimare ed entrare in empatia. Senza difetti non si raggiunge l'Olimpo.

Nel corso degli episodi di *Un passo per il tuo cuore* non assistiamo solo agli allenamenti – durante i quali i runner all'ascolto seguiranno con interesse gli insegnamenti dei trainer – ma ci immergiamo anche in momenti della vita quotidiana dei protagonisti, che pian piano diventano una squadra affiatata e un gruppo di amici.

In tutti è possibile identificarsi e osservando i loro progressi viene voglia di alzarsi dal divano e iniziare ad allenarsi, perché *se ce l'hanno fatta loro, posso farcela anche io.*

Quello che conta – lo dice Maria Caterina nel video teaser, citando la poesia di Vincenzo Cardarelli – è "spingersi arditamente fin dove il cuore ti regge".

NON POSSIAMO TRASFORMARCI SENZA ISPIRAZIONE

Le storie di trasformazione ispirano. Ci guidano e ci orientano verso quello che non abbiamo ancora realizzato, verso quello che davvero siamo, ma che ancora non siamo diventati.

A questo proposito non posso non ricordare la campagna di raccolta fondi di The Hospital for Sick Children, l'ospedale pediatrico di Toronto, che ha realizzato la campagna *SickKids VS: Undeniable* prodotta nel 2016 dall'agenzia Cossette.

Interessante qui vedere come il tema particolarmente delicato delle malattie infantili non venga trattato da un punto di vista medico e quindi con eventuali storie di cura o di salvezza. No, qui si è deciso di scegliere linee narrative di trasformazione.

I piccoli protagonisti, infatti, non sono presentati come malati indifesi, ma come *esempi:* esseri umani che affrontano un duello con tutta la forza di cui sono capaci, lottando con le unghie e coi denti contro "Idre" molto voraci.

La colonna sonora, *Undeniable*, ritmata dal martellare di un tamburo e accompagnata da un rap incalzante, innesca una scarica di adrenalina che ci scorre in corpo per tutta la durata del video, anche nei momenti più drammatici in cui vediamo neonati che lottano per la vita in sala operatoria mentre i genitori aspettano in lacrime.

È l'immaginario della lotta per l'Olimpo, che attraversa tutto il video, che ci impedisce di cedere alla commozione. Quella che ci viene raccontata, infatti, è la battaglia di questi bambini contro malattie terribili, contro il tempo, contro la morte. E se è una battaglia, va raccontata come tale: il bambino che entra in sala operatoria ha i guantoni, perché è un pugile che sale sul ring. Ercole, che non deve cadere.

L'immaginario Olimpico e semidivino è toccato da tante angolature differenti: c'è il ragazzino che scaglia una scarica di energia come un vero supereroe, quello che indossa la protesi come un cavaliere in armatura, e quello che, con il suo esercito di infermieri, parenti e medici a guardargli le spalle, si appresta a dare la carica e a correre sul campo di battaglia contro il nemico.

ESERCIZIO: "COME PRENDIAMO L'OLIMPO"

Prova a indicare nella tua attività di branding:

Per che cosa tu, la tua marca o il tuo prodotto vi sacrificate:

____

____

____

Per che cosa tu, la tua marca o il tuo prodotto fate degli sforzi:

____

____

____

Quali sono le mete a cui ambisci portare gli altri:

____

____

____

Quali trasformazioni producono i tuoi sforzi e sacrifici.
Se faccio così allora diventerò:

____

____

____

Figura 46 Screenshot tratto dal video *SickKids VS: Undeniable.*[66]

[66] https://www.youtube.com/watch?v=78mNZeDaMtk.

Tutti si trasformano: non sono "solo" bambini, sono wrestler, sono cavalieri in armatura, sono supereroi, sono la tigre che ruggisce nella scena finale. E se la trasformazione dei protagonisti di *Un passo per il tuo cuore* è tangibile e misurabile nel tempo, questa che ci racconta il video di SickKids è puramente visiva: ti mostro un bambino trasformato in guerriero perché, di fatto, un bambino che affronta queste terribili malattie già lo è. Ma soprattutto te lo mostro perché questo bimbo è una ispirazione per te, per me, per tutti.

È solo nell'ispirazione che si va oltre... solo così loro possono farcela.

IN COSA TI TRASFORMERESTI PER AMORE?

A volte le trasformazioni ci fanno paura. Anzi, diciamo pure spesso: devi lasciare il noto per l'ignoto, esporti a rischi, al fallimento, allo sguardo di tutti. Mantenere il proprio ruolo, ormai consolidato, con una certa reputazione, è sicuramente più facile.

Per amore, però, siamo in grado di trasformarci in qualunque cosa. Lo sanno bene gli uomini che, per la campagna promossa da Barbie, hanno svestito i panni del padre serio e serioso e si sono messi a giocare con le figlie. Giocare alle Barbie ovviamente.

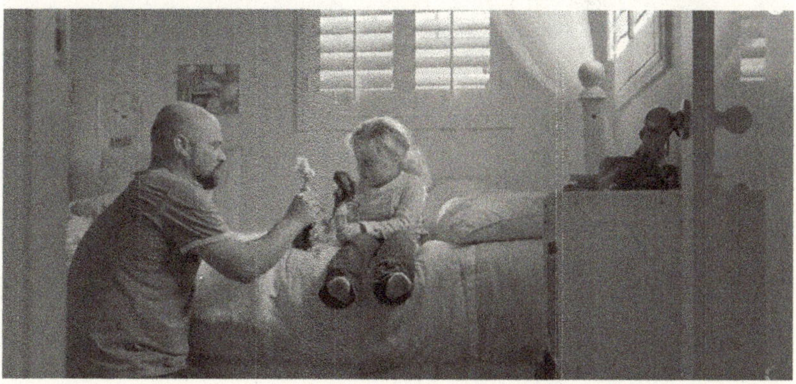

Figura 47 Screenshot tratto dal video *Dads Who Play Barbie*.[67]

[67] https://www.youtube.com/watch?v=_6Ghrx8C1Ac.

Insomma a noi strappa un sorriso vedere questi uomini barbuti, grandi e grossi, sdraiarsi sul pavimento accanto alle loro figlie e imitare una voce femminile emettendo suoni striduli e acuti.

La loro è una trasformazione che, più che costare sofferenza, costa uno sforzo. Ma non per questo è meno importante: è lo sforzo di abbandonare un prototipo, un'identità ormai consolidata, lasciar da parte l'imbarazzo e abbracciare un nuovo modo di interagire e vivere. Ci costa fatica mettere da parte chi siamo e diventare qualcun altro.

Ma la loro trasformazione ha un significato ancora più profondo, e riguarda proprio le figlie. Questo:

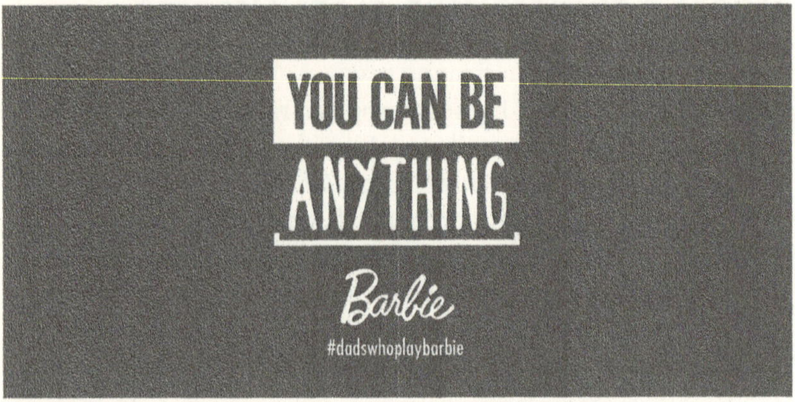

Figura 48 Screenshot tratto dal video *Dads Who Play Barbie*.

Barbie sta dicendo questo alle bambine: da grande potrai diventare ciò che vorrai, che sia l'attrice, l'astronauta, la maestra o la scienziata. Puoi trasformarti in ciò che desideri, non devi avere paura di osare, di sperimentare, di metterti in discussione. Proprio come ha fatto il tuo papà.

Perché questo esempio è efficace? Proviamo ad analizzarlo attraverso i cardini del racconto:

- situazione: bambine che sognano cosa fare da grandi;
- posizionamento esistenziale: desiderio di realizzare i propri sogni;
- problema: una società conflittuale rispetto ai ruoli di genere;

- avversario: pregiudizi sulle "questioni da uomo" e "questioni da donna";
- soluzione: offrire alle bambine un modello positivo ed esemplare.

Scopriamo allora che questa storia di trasformazione non coinvolge in realtà i papà, ma riguarda più direttamente le bambine. Presenta un modello di trasformazione attuale, un esempio da seguire, per poter attuare una trasformazione in futuro. Una trasformazione che non coinvolge solo il singolo ma tutta la società.

STORIE CHE CI TRASFORMANO

Le storie di trasformazione devono spronare.

Come quelle bambine che vedranno il loro papà pronto a mettersi in gioco, a ribaltare i nostri schemi mentali: *lo fa lui, posso farlo anche io*.

Ci eleva una persona di mezza età che decide di stravolgere le sue abitudini per rimettersi in forma, e ancor di più ci esalta un bambino che affronta con coraggio terribili malattie. Ci spingono perché ci fanno vedere l'Olimpo, l'altrove. Le nostre possibilità inesauribili.

I temi delle storie che trasformano, come avrai certamente notato, possono essere anche molto diversi tra loro: iniziare a correre o affrontare una malattia sono due cose certamente molto differenti. Eppure hanno qualcosa in comune: per la persona che le affronta sono "imprese olimpiche".

Quando racconti una storia di trasformazione, devi "stringere la camera sul protagonista", sulla singola sfida che questo deve affrontare. Il protagonista, le sue paure, le sue debolezze, il suo coraggio devono essere in primo piano. Non instaurare paragoni che non puoi vincere: è chiaro che se da i protagonisti di *Un passo per il tuo cuore* allargassimo lo sguardo a quelli di *SickKids VS: Undeniable* non ci sarebbe, giustamente, nessun confronto.

Se vuoi raccontare la storia di una persona che decide di mettersi in gioco, misurarsi con una sfida e ne esce trasformata, il focus è – e deve rimanere – su quella persona, con il naturale effetto che sarà più semplice generare empatia. Se inizi a fare paragoni tra sfide, spezzi ogni magia possibile. Soprattutto non sono i risultati che ti interessano, altrimenti entri nelle storie di fatti e performance. Ti attrae la trasformazione attraverso la sfida.

Tutte le storie di trasformazione che ti ho raccontato sono delle imprese degne di Ercole, ciascuna vista attraverso la lente del suo protagonista.

Tabella 6 Tabella delle storie di salvezza.

Temi	Sfide	Sentimenti	Tesori
• Cambiamento • Metamorfosi • Rivoluzione • Innovazione • Sperimentazione	• Inferiorità • Difetti • Avversità • Malattie • Debolezze • Volontà	• Infelicità, mestizia, angoscia, sconforto vs • Coraggio, abnegazione e spirito di sacrificio	**"Prendere l'Olimpo"** • Trasfigurazione • Sublimazione • Nobilitazione • Elevazione • Ispirazione • Consapevolezza • Libero arbitrio

Anche le sfide, dunque, dovranno essere centrate sul punto di vista del nostro protagonista, che quindi potrà trovarsi ad affrontare un nemico esterno (una malattia, delle situazioni avverse) o un nemico interno, ovvero se stesso, le proprie paure, i propri limiti e le proprie debolezze. Spesso il nemico esterno altro non è che un riflesso e una metafora del nostro nemico interno: per una persona che vuole smettere di fumare, il vero nemico sono le sigarette o la propria forza di volontà?

Se questa persona riuscirà a smettere di fumare, non ci guadagnerà solamente in salute, ma anche dal punto di vista caratteriale. Avrà imparato che è sempre possibile migliorare se stessi, avrà raggiunto una nuova consapevolezza di sé e, in fondo, avrà scoperto la possibilità di essere artefice del proprio destino.

Naturalmente una storia come questa richiede grande coraggio e spirito di sacrificio al nostro protagonista, ma d'altro canto sarà anche una potente fonte di ispirazione per il pubblico che proverà senza dubbio grande ammirazione per la sua forza di volontà.

Quando vediamo una storia di trasformazione, del resto, ci sentiamo toccati nel profondo: tutti noi abbiamo fatto esperienze nella nostra vita che ci hanno cambiato radicalmente, che ci hanno trasformato nelle persone che siamo oggi.

Storie come queste, di trasformazioni piccole o grandi, non possono non parlarci: il cambiamento, del resto, fa parte della nostra natura umana e della nostra storia collettiva come esseri viventi. Chiedetelo a Darwin.

CHECK LIST DI AUTOVALUTAZIONE

Nelle mie attività di branding...

- Ho individuato gli elementi di trasformazione con cui potermi raccontare agli occhi del mio pubblico?
- In che modo riesco a soddisfare l'esigenza di metamorfosi e cambiamento nelle storie di vita del mio pubblico?
- Perché e come ho deciso di raffigurarmi in qualità di portatore di un cambiamento?
- Con quali contenuti visivi e scritti rappresento questo tipo di trasfigurazione?
- Quale meta finale suggerisco rispetto al cambiamento richiesto?
- Quale sacrificio propongo di fare e sublimare rispetto alla meta finale indicata?
- Che emozioni prova – in termini di "nobilitazione" – il pubblico legato al mio mondo personale e/o aziendale?
- Di quale "Olimpo" sono artefice?
- Come mi percepiscono gli altri rispetto alla dimensione "olimpica" che porto avanti?
- Ho scelto gli strumenti adatti per rappresentarmi al meglio con le storie di trasformazione?

CAPITOLO 10
STORIE DI LEGAME: DA SOLI (CI) PERDIAMO

"Ho eseguito un gesto irreparabile,
ho stabilito un legame."

JORGE LUIS BORGES

Le galassie si legano fra di loro, i pianeti sono in relazione gli uni con gli altri e nello stesso modo si comportano gli atomi, le molecole e le cellule dei nostri corpi danzando all'unisono. Perché mai noi dovremmo essere diversi da un principio universale?

Raccontare una *storia di legame* significa portare alla luce quel meccanismo che ci fa costruire un legame con gli altri, o ci fa scoprire che quel legame l'abbiamo sempre avuto, ma magari un po' dimenticato. È una storia dove il protagonista entra in relazione con qualcosa d'altro: persone, oggetti, tradizioni. Il tuo ruolo?

In qualità di aiutante, il tuo compito sarà quello di aiutare a costruire quel legame, a scoprirlo o a riscoprirlo.

IL BICCHIERE D'ACQUA NON DEVE MANCARE

Ricordo una mattina di qualche anno fa, in un bar con un amico. Non ancora un amico in realtà, una di quelle persone che conosci una sera a casa di amici, lo incontri un paio di settimane dopo in giro per strada, io ho tempo, tu hai tempo, ti va di prenderci un caffè?

Caffè sia, e mentre si aspetta seduti al tavolino si chiacchiera del più e del meno. Il caffè arriva, il suo aroma si sprigiona insieme a quello delle due fragranti brioches che lo accompagnano. Sto già pregustando lo spuntino fuori programma, quando lo vedo inarcare un sopracciglio.

"Qualcosa non va? Non era quello che avevi ordinato?"

"No, tutto a posto, peccato che manchi il bicchiere d'acqua..."

Lo guardo, non mi sembra una mancanza così grave. Deve aver intuito dalla mia espressione dubbiosa che non ho colto il problema. Sorride.

"Mio nonno me lo diceva sempre. Per noi il caffè era una tradizione, mi diceva che dovevo imparare a berlo, che non si può sprecare trangugiandolo di corsa. Che il caffè è un rito, ed è come durante la messa, no? Tu pensi che l'ostia sia la cosa più importante, ma se non c'è il vino la messa non si può fare. Se non c'è il bicchiere d'acqua, il caffè non lo gusti. Lo bevi. È diverso." Sorrido anche io. Finalmente capisco.

Quel giorno siamo diventati amici.

IL FILO ROSSO

Amore e Psiche, Romeo e Giulietta, Mork & Mindi, Happy Days, Lost, Breaking Bad... Sono storie in cui, nel bene e nel male, nell'ironia o nella tragicità, il legame tra le persone viene esaltato mentre capitano mille altre cose. Perché costruire *storie di legame* per i tuoi pubblici?

Per trovare il filo rosso. E unire i puntini.

Un'antica leggenda giapponese narra che ciascuno di noi nasce con un invisibile filo rosso legato al mignolo della mano. È il filo rosso del destino, che ci lega indissolubilmente a qualcun altro.

Qualunque sia la distanza, qualunque cosa succeda, il filo non si spezzerà mai: le persone sono unite per sempre, qualunque strada intraprenderanno il loro destino è quello di incontrarsi.

Le storie di legame sono narrazioni in cui ciò che viene esaltato è il *filo rosso* dove c'è una *relazione* intesa come:

- concatenamento,
- scoperta,
- svolta,
- appartenenza,
- promessa,
- ricordo,
- tradizione,
- affinità.

In fine dei conti Walter White, protagonista di *Breaking Bad*, ha un legame con la sua famiglia e all'inizio fa quello che fa per l'*appartenenza* a un nucleo familiare. Ricky Cunningham, nella sitcom *Happy Days*, è legato a Fonzie, il suo alter-ego, ma soprattutto alla *tradizione* di un mondo americano fatto di certi ingredienti specifici.

Evidentemente anche Jack e Rose, i due protagonisti di *Titanic*, erano uniti dall'invisibile filo rosso. La loro storia la conoscono tutti, anche quelli che non hanno mai visto il film di James Cameron.

Lui, giovane artista squattrinato, che sul Titanic c'è finito per caso perché ha vinto un biglietto. Lei, bellissima ragazza altolocata, che per salvare la sua famiglia dalla bancarotta è costretta ad accettare il fidanzamento con un uomo tanto ricco quanto arrogante.

Jack e Rose sono di due classi sociali diverse, sulla terraferma non avrebbero occasioni per incontrarsi, ma sulla nave si conoscono e si innamorano. Il Titanic impatta contro un iceberg, la nave affonda, i due cercano di salvarsi, ma sul frammento di legno cui sono aggrappati non c'è posto per entrambi. Jack sacrifica se stesso per dare a Rose la possibilità di salvarsi, e viene inghiottito dall'oceano. La loro storia finisce tragicamente, come sappiamo tutti, ma il legame resta: affinità, ricordo, appartenenza

Rose vivrà tutto il resto della sua vita senza l'amato Jack, del quale però serberà sempre la memoria. La loro storia, il loro legame, supera lo spazio, il tempo, perfino la morte. Rose dovrà attendere moltissimi anni, ma alla fine potrà ricongiungersi con il suo grande amore: quando chiude gli occhi su questa terra, li riapre sulla grande scalinata del Titanic. Jack è lì ad aspettarla.

Cosa diceva Meredith in *Grey's Anatomy*?

Certi legami sfidano le distanze e il tempo e la logica, perché ci sono legami che sono semplicemente destinati a esistere.

Non lasciarti trarre in inganno da queste storie che ho citato. Si parla di legami, certo, ma attenzione che le storie di legame non equivalgono sempre e solamente a storie d'amore o di amicizia. Sarebbe riduttivo, questa tipologia di storie invece ci permette di spaziare molto con la fantasia e di spingerci verso la *scoperta* e la *svolta*. Ecco come.

ESERCIZIO: LA MIA STORIA DI LEGAME

Pensa a una persona o un oggetto a cui sei particolarmente legato. Prova a immaginare (o selezionare, se ce l'hai già) una foto che lo rappresenti, e descrivi questo legame in poche righe, come se fosse un post su Instagram.

____

____

____

Come al solito, ci provo anche io:

Fotografia: una cravatta rossa

Una cravatta rossa, un po' consunta, non la indosso più da anni, ma dal cassetto del mio armadio non se ne andrà mai. È la cravatta che ho indossato il giorno della mia laurea, il giorno in cui ho visto tutti i miei sacrifici da studente finalmente premiati. È la cravatta che ho indossato anche il primo giorno di università, da docente però. Per non dimenticare mai lo studente che c'era dietro quella cravatta.

TE NE VAI O RIMANI?

A leggere i post di quello lì su Facebook, mi viene proprio il nervoso...

Ogni tanto ci pensiamo, quando vediamo i commenti e le condivisioni di quella persona che ha idee, politiche e non, così diverse dalle nostre. Le opzioni sono due: o decidiamo di interagire con quella persona, e magari ci scappa il bisticcio, oppure la ignoriamo. Non ti curar di loro, ma guarda e passa, giusto?

Eppure la sensazione che rimane è sgradevole: non vorremmo proprio averci più a che fare con quel tipo o quella tipa e ci chiediamo come mai sia tra le nostre "amicizie" di Facebook, visto che siamo così diversi. E invece cosa succederebbe se venissimo messi in una stanza con questa persona e invitati a parlarci?

Heineken lo sa, e ci racconta cosa ha scoperto nella campagna sociale *Worlds Apart,* con un video pubblicato nell'aprile 2017. Il video sembra un vero e proprio esperimento sociale, non un commercial, perché ci mostra varie coppie di persone, selezionate a loro insaputa proprio per le loro forti divergenze d'opinioni, invitate a interagire in quello che sembra un capannone industriale. L'esperimento è diviso in tre fasi.

Fase 1. Rompere il ghiaccio. Armati di istruzioni, i due devono collaborare per assemblare un paio di sgabelli.

Fase 2. Domande e risposte. Leggendo la traccia predisposta, le due persone si fanno domande ("Come ti descriveresti in cinque aggettivi?"), e si scambiano opinioni l'uno sull'altro ("Indica tre cose che abbiamo in comune").

Fase 3. Costruzione del ponte. I due tornano a collaborare, ma questa volta devono costruire un bancone da bar posizionato di fronte ai loro sgabelli. Un ultimo tocco: prendere due Heineken dal frigo e posarle sul bancone.

Cosa dovranno fare adesso? Guardare un video.

Viene trasmesso un filmato in cui vediamo ciascuno dei protagonisti raccontarsi e parlare delle proprie opinioni. Noi lo sapevamo già, perché sono proprio gli spezzoni che abbiamo visto nei primi minuti, ma adesso anche i protagonisti scoprono che hanno di fronte quello che nella videointervista consideravano un avversario.

"Il femminismo oggi è una scusa per la misandria, per odiare gli uomini" afferma sicuro un ragazzo, che poco prima ha collaborato proprio con la ragazza che nell'intervista diceva "Penso che la battaglia del femminismo non sia finita" e che indossava una t-shirt con la scritta "Smash the Patriarchy!" ("Distruggi il patriarcato").

"Transgender è davvero strano. Non siamo fatti per capire o vedere cose di questo genere." La giovane donna in piedi accanto al signore che ha pronunciato questa frase sembra triste e imbarazzata. Poco dopo tocca a lei comparire sullo schermo, ripresa mentre dice: "Sono una figlia, sono una moglie. Sono una persona transgender".

Una voce all'altoparlante sancisce l'atto finale dell'esperimento.

Adesso avete una scelta: potete andarvene o potete fermarvi e discutere le vostre differenze di fronte a una birra.

Si guardano sospettosi, chi più chi meno. A volte si siedono insieme, altre volte c'è chi fa il primo passo. C'è chi la butta sul ridere, fingendo di allontanarsi, ma poi torna subito indietro. Si stappa la birra, si brinda. "Smash the Patriarchy!" dice il ragazzo preoccupato della misandria alzando la sua birra.

"Sono stato cresciuto in un modo secondo il quale tutto è bianco o nero. Ma la vita non è bianca o nera" conclude il signore che non comprendeva le persone transgender.

Ancora una volta, vediamo una attività di branding dove la marca si fa da parte, lascia parlare le persone e le loro storie. Heineken non si mette sotto i riflettori – avrebbe potuto tirar fuori dal cilindro miriadi di storie di legame, coi produttori, con le tradizioni, con la storia della birra – ma si pone come semplice aiutante, qualcosa che è lì, aiuta a rilassare l'atmosfera e a stemperare la tensione, permettendo a due persone che non si conoscono, e che anzi hanno grosse divergenze, di costruire un legame.

Figura 49 Screenshot tratto dal video *Heineken | Worlds Apart | #OpenYour World.*[68]

Anzi, ti dirò di più, quella di Heineken è una scelta perfettamente in linea con il nostro momento storico di forti polarizzazioni identitarie e valoriali. Riprendiamo velocemente lo schema di cui ti parlavo all'inizio di questo libro: tu | io | adesso.

- Tu: persona e cittadino del mondo, con le tue idee che senti in contrasto con quelle degli altri.
- Io: la birra che bevi con gli amici in compagnia, un simbolo di convivialità, rilassatezza, divertimento, piacere di stare assieme.
- Adesso: il nostro momento storico, in cui il mondo sembra sempre più conflittuale e pronto a spaccarsi piuttosto che unirsi, diviso da idee diverse con cui non si dialoga, ma si entra in conflitto.

Insomma, in un clima sociale e politico sempre più diviso e infervorato, dove sui social si creano i gruppi, le fazioni, si alimentano gli stereotipi, Heineken ci racconta quanto può essere appagante scoprire che le idee che ci dividono possono essere discusse pacificamente e col sorriso, anche davanti a una birra.

[68] https://www.youtube.com/watch?v=8wYXw4K0A3g.

Il linguaggio utilizzato nella descrizione delle tre fasi parla chiaro: si rompe il ghiaccio, si costruisce un ponte. Cos'è un legame se non un ponte che abbiamo costruito con qualcuno?

ORGOGLIO E PREGIUDIZIO: DUE SCONOSCIUTI CHE SI INCONTRANO

La scelta dell'esperimento sociale è altrettanto interessante: Heineken avrebbe potuto mostrarci esattamente gli stessi temi, ma raccontati, per esempio, come la storia di due persone che si conoscono, hanno opinioni diverse, bisticciano e si riappacificano davanti a una birra. Certo non si sarebbe trattato di una scelta sbagliata, ma sicuramente aver optato per la modalità dell'esperimento sociale conferisce un ulteriore senso di realismo. Realismo che, però, nel nostro immaginario narrativo è molto presente. Insomma, quanti film iniziano con due personaggi che si odiano, litigano continuamente, e poi finiscono per diventare amici o addirittura innamorarsi? Ormai, anche chi non si interessa di narrazione, fiuta subito questi schemi: è dai tempi di *Orgoglio e Pregiudizio* che ci siamo innamorati di queste storie, con un Mr. Darcy snob e altezzoso e una Elizabeth Bennet assolutamente prevenuta su di lui (naturalmente il sentimento è ricambiato) ma che finiranno per innamorarsi e sposarsi.

Heineken non cita *Orgoglio e Pregiudizio*, ma facci caso: il modello narrativo è il medesimo. E cioè:

- due (o più) sconosciuti,
- tanti punti di divergenza,
- il momento dell'incontro,
- le tante sfide che dall'incontro portano al riconoscimento reciproco.

Anche se le tue storie non dovranno ricalcare fedelmente gli schemi narrativi che stiamo conoscendo in queste pagine, naturalmente potranno ispirarsi a questi. Quindi trai spunto, ma non farti imbrigliare: trova la voce giusta per la tua storia.

DOVE STA IL LEGAME? NEL VIVERE INSIEME LE COSE

Perché andiamo a visitare i musei?

Perché siamo appassionati d'arte, perché sono una tappa imprescindibile nella visita a una città, perché a volte contengono opere talmente famose che *devi* andare a vederli. I motivi sono tanti, ma quando poi ci troviamo di fronte a una sfilza di opere d'arte, è difficile mantenere vivo l'interesse per tutte, è difficile sentirsi coinvolti emotivamente da ognuna.

Magari *Il bacio* di Hayez ce l'ha dedicato il nostro primo amore, magari *I girasoli* di Van Gogh erano sulla copertina di quel quadernetto dove durante l'adolescenza rovesciavamo i nostri pensieri.

Però Van Gogh ne ha fatte tante di opere, per esempio la sua stanza ad Arles l'ha dipinta numerose volte. Rispetto alla turbinosa e densa *Notte Stellata*, forse ci sembra meno comunicativa.

Figura 50 Vincent Van Gogh, *La camera di Arles*, 1888, Olio su tela, 72 x 90 cm, Rijksmuseum, Amsterdam.

Insomma, quando nel 2016 l'Art Institute of Chicago ha realizzato una mostra esponendo tre dipinti raffiguranti la stanza di Van Gogh, e sapendo di non aver pezzi forti più conosciuti per attirare il grande pubblico, ha dovuto elaborare una strategia. Ritorniamo alla domanda iniziale: perché vorresti vedere dal vivo una determinata opera? Perché hai un legame affettivo ed emotivo, perché ti comunica, ti parla di qualcosa che conosci bene. Come fare a instaurare un legame con la stanza di Van Gogh? Magari, se ci avessi trascorso una notte, avresti dei ricordi in comune con quell'opera.

Tu e Van Gogh condividereste qualcosa in grado di spingerti a voler vedere dal vivo quel dipinto.

Così l'Art Institute of Chicago ha ricreato proprio quella stanza in cui dormiva Van Gogh – le stesse sedie in paglia, lo stesso tavolino, lo stesso letto coi cuscini bianchi e la coperta rossa – e ha messo l'annuncio di affitto su Airbnb.

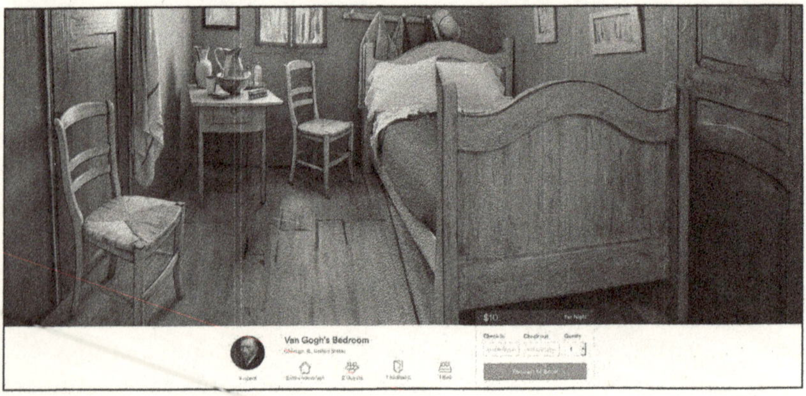

Figura 51 Screenshot tratto dall'annuncio *Van Gogh's Bedroom* su Airbnb.[69]

O meglio, in realtà un certo "Vincent" ha messo l'annuncio su Airbnb, a un prezzo molto popolare per di più. Dieci dollari a not-

[69] Fonte: https://www.boredpanda.com/van-gogh-room-airbnb-art-institute-chicago/.

te, questa è la cifra che gli occorre per potersi comprare pittura e pennelli. Sai, Vincent è un pittore un po' squattrinato, ma molto generoso. A chi affitta la stanza regala anche un biglietto per vedere una mostra proprio lì, a Chicago.

Ecco qui la conferma di una cosa che avevamo già scoperto: a volte per raccontare una bella storia basta poco. Basta semplicemente condividere un'esperienza.

CHE ODORE HA LA STANZA DI VAN GOGH?

Certo, abbiamo citato molto spesso video commercial, che spesso sono la scelta più immediata per un brand che vuole raccontare una storia. I video dispiegano tutta la loro potenza grazie alla colonna sonora, alla voce narrante, alle immagini e anche agli effetti speciali. Ma un semplice post di Facebook può essere altrettanto immediato, così come, in questo caso, un breve annuncio che permette al pubblico di vivere un'esperienza.

La storia di legame, qui, non è semplicemente l'avviso pubblicato su Airbnb, ma quella che noi possiamo vivere in prima persona rispondendo a questo annuncio e affittando la camera.

Il legame lo instauriamo noi direttamente con la stanza, l'Art Institute of Chicago è solo l'intermediario che ci mette a disposizione la stanza e i quadri da vedere poi al museo. Naturalmente, come in tutte le storie, serve un contesto: l'affittuario non è il museo, è Vincent stesso, che ci parla in prima persona e ci dice che quei pochi spiccioli ricavati dall'affitto gli servono per continuare a dipingere.

Un innesco semplice, immediato, e la storia si dispiega nella nostra mente, viaggia da sola; non abbiamo bisogno di leggere lunghe descrizioni. Un paio di frasi ci fanno già pregustare l'emozione che potremmo vivere dormendo in quella stanza, avvolti in quella coperta rossa. Chissà che odore ha la stanza di Van Gogh? Chissà che sogni farò dormendo in quella camera?

Figura 52 Fotografia della stanza allestita dall'Art Institute of Chicago.[70]

Dopo aver dormito in quella stanza, andare al museo a vedere i dipinti che la raffigurano è praticamente obbligatorio. Come se andassimo a trovare dei vecchi amici, con cui abbiamo condiviso tanti ricordi ed esperienze. Ancora una volta, abbiamo di fronte una storia davvero interessante nella modalità con cui viene trattata. Qui usciamo dai confini della pubblicità e del digitale, per far vivere a una persona un'esperienza reale, per fargli costruire in prima persona un legame.

Abbiamo parlato tante volte di far diventare il tuo pubblico il protagonista attivo delle tue storie, di non lasciarlo in panchina a guardare: direi che questo esempio ne è la prova lampante.

Sappiamo perfettamente che non dormiremo nella vera stanza di Van Gogh, e ancora più ovvio è il fatto che l'autore dell'annuncio non sia lui: eppure la storia è così potente da farcela sembrare reale.

[70] Fonte: https://www.boredpanda.com/van-gogh-room-airbnb-art-institute-chicago/.

S-LEGAMI DA QUI!

Belle le storie di legami, vero? Le possibilità sono tantissime: possiamo raccontare come si crea un legame o possiamo fare in modo che il nostro pubblico sviluppi in prima persona il suo filo rosso e il suo vissuto. Possiamo parlare di legami tra amici, tra innamorati, tra fratelli. Possiamo raccontare di legami con le tradizioni, con le passioni che ci hanno forgiato il carattere fin da bambini, con i nostri giochi preferiti d'infanzia, con la prima macchina che abbiamo guidato, con il posto dove abbiamo dato il nostro primo bacio.

Potrei andare avanti all'infinito e sicuramente anche tu hai già in mente tanti bellissimi esempi di storie di legami, scommetto che hai anche una mezza idea di come raccontarti al tuo pubblico imbastendo una storia di legami. E quindi vengo a scombinarti le carte in tavola.

Le storie di legami non devono per forza essere tutte positive. O meglio, non devono per forza parlare di sentimenti positivi, non devono per forza parlare di costruire legami. Possono parlare di distruzione, per esempio.

Sono certo che almeno una volta hai ascoltato *Another Brick in The Wall*, la canzone dei Pink Floyd che è diventata praticamente un inno per gli studenti un po' arrabbiati con la scuola.

Cosa rappresenta infatti la scuola di cui ci raccontano i Pink Floyd? Un legame con un sistema vecchio, appunto, un modo per controllare le menti, un retaggio antico di un mondo che è cambiato. E se la scuola non cambia con questo mondo, allora dobbiamo spezzare questo legame che non è una radice benefica ma è una pianta rampicante, che soffoca i bambini dentro le sue spire.

Ancora una volta, le sfide per i protagonisti delle nostre storie si possono leggere da una parte e dall'altra: costruire legami o spezzarli? Sono due facce della stessa medaglia, e la medaglia è mettersi in gioco, rischiare. In ogni caso bisogna mettere da parte le nostre sicurezze, se decidiamo di costruire un legame così come se decidiamo di distruggerlo.

Abbiamo citato precedentemente il cantante Ghali e visto che stiamo parlando di canzoni voglio riprendere il testo della sua hit di successo (*Cara Italia*) per vedere come il suo script musicale presenti le caratteristiche di una *storia di legame* che mette in evidenza appartenenze, sistemi di valori, comportamenti sociali e soprattutto – ancora una volta – sentimenti e paure:

Fumo, entro, cambio faccia
Come va a finire si sa già
Devo stare attento, mannaggia
Se la metto incinta poi mia madre mi...
Perché sono ancora un bambino
Un po' italiano, un po' tunisino
Lei di Portorico, se succede per Trump è un casino
Ma che politica è questa?
Qual è la differenza tra sinistra e destra?
Cambiano i ministri ma non la minestra
Il cesso è qui a sinistra, il bagno è in fondo a destra
Dritto per la mia strada
Meglio di niente, *más que nada*
Vabbè, tu aspetta sotto casa
Se non piaci a mamma tu non piaci a me
Mi dici "lo sapevo" ma io non ci credo
Mica sono scemo
C'è chi ha la mente chiusa ed è rimasto indietro, come al Medioevo
Il giornale ne abusa, parla dello straniero come fosse un alieno
Senza passaporto, in cerca di *dinero*
Io mi sento fortunato
Alla fine del giorno
Quando sono fortunato
È la fine del mondo
Io sono un pazzo che legge, un pazzo fuorilegge
Fuori dal gregge, che scrive "scemo chi legge"
Oh eh oh, quando il dovere mi chiama
Oh eh oh, rispondo e dico "son qua"
Oh eh oh, mi dici "ascolta tua mamma"
Oh eh oh, *un*, *dos*, *tres* sono già là
Oh eh oh, quando mi dicon "va' a casa"
Oh eh oh, rispondo "sono già qua"
Oh eh oh, io t.v.b. cara Italia

Oh eh oh, sei la mia dolce metà
Aspè, mi fischiano le orecchie
Suspense, un attimo prima del sequel
Cachet non comprende monete
Crash Bandicoot raccogli le mele
Nel mio gruppo tutti belli visi
Come un negro bello diretto a Benin City
Non spreco parole, non parlo con Siri
Felice di fare musica per ragazzini
Prima di lasciare un commento, pensa
Prima di pisciare controvento, sterza
Prima di buttare lo stipendio, aspetta
Torno a Baggio, io non me la sento senza
Shakera!
Il tuo telefono forse non prende nell'hinterland
Finiti a fare freestyle su una zattera in Darsena
La mia chat di WhatsApp sembra quella di Instagram
Amore e ambizione già dentro al mio *starter pack*
Prigionieri di Azkaban fuggiti da Alcatraz
Facevamo i compiti solo per cavarcela
Io mi sento fortunato
Alla fine del giorno
Quando sono fortunato
È la fine del mondo
Io sono un pazzo che legge, un pazzo fuorilegge
Fuori dal gregge, che scrive "scemo chi legge"
Oh eh oh, quando il dovere mi chiama
Oh eh oh, rispondo e dico "son qua"
Oh eh oh, mi dici "ascolta tua mamma"
Oh eh oh, *un*, *dos*, *tres* sono già là
Oh eh oh, quando mi dicon "va' a casa!"
Oh eh oh, rispondo "sono già qua"
Oh eh oh, io t.v.b. cara Italia
Oh eh oh, sei la mia dolce metà

Come hai notato Ghali mette in evidenza aspetti e relazioni legati al Paese di origine, alla famiglia, al gruppo sociale di riferimento, alla scuola, alle istituzioni, alla tecnologia, e così via... Non tutto è positivo ma il legame, in questo caso con l'Italia, resta e viene esaltato.

Con le parole di Ghali, ricordiamoci che la relazione non deve essere per forza positiva al 100%, può anche essere un po' ambivalente.

Il legame nella rivalità

Ricordi che qualche pagina fa abbiamo parlato di *Orgoglio e Pregiudizio*? È vero, i protagonisti si odiano e finiscono per amarsi, questo è lo schema di base.

Ma se non finissero per amarsi?

Le storie di legami possono essere altrettanto avvincenti anche quando i protagonisti, in fondo, non si vogliono così tanto bene. Magari anzi sono un po' rivali. La rivalità è comunque un legame, anzi, facci caso, il nostro immaginario è colmo di coppie di questo tipo. Ogni eroe ha il suo antagonista: Luke Skywalker ha Dart Fener (e, guarda un po', hanno un legame ancora più profondo dato che sono padre e figlio), Harry Potter ha Lord Voldemort (uniti dalla cicatrice di Harry, per di più).

Film, libri, serie tv però non inventano nulla, si ispirano sempre alla realtà: pensate alle grandi coppie di sportivi rivali. Federer e Nadal, Agassi e Sampras, Coppi e Bartali, Lauda e Rush, Messi e Ronaldo. Sono certo che la lista è ancora lunga e qualcuno più ferrato di me nello sport potrebbe continuarla a lungo.

Ognuno sceglie da che parte stare in base alla propria sensibilità, all'empatia che instaura con uno dei due protagonisti. C'è chi preferisce Federer per la sua classe ed eleganza, e chi preferisce Nadal per la potenza tecnica che riesce a sprigionare.

Non li conosciamo dal vivo, non sappiamo effettivamente come siano, ma a noi non importa: la loro storia di *legame nella rivalità* ci coinvolge, ci fa scendere in campo per l'uno o per l'altro. Pensando a questi esempi, la potenza delle storie di legame ti sarà immediatamente chiara: sia che vogliamo creare un legame, sia che vogliamo distruggerlo, sia che questo legame esista semplicemente, se narri bene la storia il tuo pubblico non la dimenticherà tanto facilmente.

LE STORIE CHE CI LEGANO

Le storie di legame ci spingono a stare insieme. È merito della forza dei sentimenti che entrano in gioco e coprono tutta una gamma di sfumature che sentiamo inevitabilmente nostre: diffidenza, sospetto, simpatia, familiarità. Oppure bisogno di libertà, di innovazione, di rottura con gli schemi tradizionali. O ancora amore e odio, uniti misteriosamente in un legame tanto particolare quanto forte.

Mentre scrivo, proprio ora, 4 febbraio 2018, Facebook mi avvisa che oggi si festeggiano gli amici e mi informa che ha preparato per me un bel video o alcune foto da condividere con le persone con cui ho un legame "social". Ecco quindi che mi avverte – con foto dedicate che posso condividere direttamente sulla bacheca del mio conoscente – che c'è l'amico che mi ha "dato più like" e quello che è una "buona compagnia", oppure l'amico che è "sempre pronto a fare foto con me".

Figura 53 Screenshot degli avvisi di Facebook (profilo personale).

Trovo questo avviso importante – e lo riporto – perché dimostra la *storynomics* nel pieno della sua potenza. Constata che per costruire storie di legame – e magari come nel caso di Facebook guadagnarci – non ci dobbiamo solo preoccupare dei contenuti, testuali, visivi, sonori, filmici, ma anche dei processi con cui *intratteniamo* le nostre relazioni con i nostri portatori di interesse.

Quando starai preparando la tua storia di legami, costruisci delle sfide, dei tesori e dei sentimenti coerenti. Pensa ad Heineken: la sfida per i protagonisti in cosa consiste?

Superare le proprie diffidenze iniziali e aprirsi a una nuova conoscenza, con fiducia e spirito positivo.

Il brand li ha aiutati fornendo loro l'occasione per aprirsi e confrontarsi, dopo aver loro dimostrato che possono andare d'accordo. Il tesoro che avranno ottenuto allora sarà quel filo rosso, un legame che scopriamo di avere con un'altra persona che ritenevamo così diversa da noi, con la quale pensavamo che qualsiasi forma di convivenza e simpatia sarebbe stata impossibile. Scoprire che, invece, possiamo venirci incontro, possiamo avere qualcosa in comune, significa anche scoprire che quel filo che non vedevamo era in realtà sempre stato lì, semplicemente non eravamo capaci di vederlo. Rendersi conto di avere un legame con una persona sconosciuta, anche molto diversa da noi, implica iniziare a guardare l'altro, chiunque altro, in modo diverso, più profondo.

Tabella 7 Tabella narrativa delle storie di legame.

Temi	Sfide	Sentimenti	Tesori
• Stare insieme • Conoscersi • Imparare gli uni dagli altri • Darsi una mano a vicenda	• Scoperta • Diversità • Esplorazione • Nuovi stili di vita	• Diffidenza e sospetto vs • Sorpresa • Empatia • Amicizia • Affetto	**"Il filo rosso"** • Familiarità • Intimità • Amore, amicizia

Non solo instauriamo una conoscenza più profonda con l'altro, ma anche e soprattutto con noi stessi, poiché scopriamo la nostra capacità di entrare in sintonia con un'altra persona aprendo i nostri orizzonti al di là delle nostre opinioni e cercando il dialogo, la crescita, non lo scontro. Le storie di legame, in fondo, ci fanno scoprire quel potere ancestrale di cui ci parlava J.K. Rowling: il potere di immaginarsi nei panni dell'altro, il potere di capirlo e, dunque, di creare un legame.

CHECK LIST DI AUTOVALUTAZIONE

Nelle mie attività di branding...

- Ho individuato gli elementi di legame con cui potermi raccontare agli occhi del mio pubblico?
- In che modo riesco a soddisfare le esigenze di appartenenza, connessione e reciproco aiuto, presenti nelle storie di vita del mio pubblico?
- Perché e come ho deciso di raffigurarmi in qualità di portatore di un affetto che lega?
- Con quali contenuti visivi e scritti rappresento questo tipo di intimità e legame?
- Quale meta finale suggerisco rispetto al legame richiesto?
- Che emozioni prova – in termini di "familiarità" – il pubblico ispirato dal mio mondo personale e/o aziendale?
- Quale "filo rosso" sto tessendo?
- Come mi percepiscono gli altri rispetto alla dimensione di "amicizia" che porto avanti?
- Sono davvero autentico in questo "stare insieme"?
- Ho scelto gli strumenti adatti per rappresentarmi al meglio con le *storie di legame*?

CAPITOLO 11
STORIE DI VALORE: PER COSA VERSI LE TUE LACRIME

"Tu non puoi reggere la verità!"

COL. NATHAN R. JESSEP, *Codice d'onore*, 1992

Siamo animali sociali e valoriali. Non riusciamo a stare al mondo senza un'idea di mondo. Senza delle credenze e dei valori. I nostri racconti culturali ne sono intrisi. Ci laviamo le mani perché crediamo nel valore dell'igiene. E anche se "crediamo nel nulla", quando dichiariamo la nostra fede nel nichilismo stiamo in realtà declamando un culto. Non ci possiamo fare niente, siamo fatti così: abbiamo bisogno di *culti*.

Le storie di valore ci fanno mettere a fuoco una o più credenze che consideriamo determinanti per il nostro posizionamento esistenziale. Ricordi quando parlavamo di Luke che combatte contro Dart Fener? Ecco, nel suo caso avevamo detto che il posizionamento esistenziale era la lotta per la libertà, il valore della libertà.

Raccontare storie di valori quindi significa fare riferimento a modelli valoriali che il tuo protagonista incarna o persegue: Luke potrà anche compiere degli errori lungo il suo percorso, ma il valore cui tende è sempre la libertà.

I valori cui potrai fare riferimento possono essere i più disparati: amicizia, amore, uguaglianza, giustizia. Scegli il valore che più ritieni coerente con te stesso, il tuo prodotto o il tuo brand e racconta come intendi perseguirlo.

Se i valori che ti ho citato ti sembrano banali, non temere: trovare il valore che più ti rappresenta non è scontato e richiede una riflessione ben ponderata, che può portare anche a esiti originali.

RACCONTARE I VALORI

Ormai si parla tanto, forse troppo, di valori. Oggi ogni gesto o attività di branding deve saper costruire e gestire i propri valori come un vero e proprio asset immateriale, essendo sempre coerente con se stesso e distinguendosi da tutti gli altri competitor.

Una decina di anni fa ci saremmo mai aspettati di sentire una catena di mexican grill (ti ricordi Chipotle?) parlare di sostenibilità ambientale e allevamento biologico? In tutta questa corsa ai valori, però, bisogna stare bene attenti a dove mettere i piedi.

Le storie di valore sanno rivelarsi un terreno sdrucciolevole e incerto, dove un piccolo inciampo può trasformarsi in una rovinosa frana.

Le storie di valore, però, hanno anche tutto il potenziale per diventare iconiche. Non serve versare fiumi di inchiostro per dimostrare questa affermazione. Mi bastano tre parole.

I have a dream.

A ben pensarci, forse me ne basta una sola.

Imagine.

Il discorso di Martin Luther King, la canzone di John Lennon, non parlano semplicemente di valori e diritti, ma sono diventate essi stessi simbolo universale di valori.

LA CHECK LIST DELLE TUE STORIE DI VALORE

- Quali sono i grandi temi che ci fanno incontrare?
- Cosa puoi fare per me?
- Cosa vuoi da me rispetto al tuo progetto, prodotto, servizio, marca ecc.?
- Perché dovrei seguirti?
- Perché devo credere in te?
- Quale affettività ci unisce?
- Quale grande sogno e ideale?
- Quale destinazione mi stai offrendo?
- Dove mi porti con la tua storia?
- Cosa esattamente mi racconti per creare significato intorno al tuo progetto, prodotto, servizio, marca che deve diventare considerevole per me (cioè di valore)?

Le loro parole sono state così potenti che si sono svincolate perfino da chi le ha pronunciate, spiegando le ali al di là degli intenti originali dei loro autori: il discorso di Martin Luther King è diventato manifesto universale del rispetto dei diritti umani, a prescindere dalle leggi razziali dell'America degli anni Sessanta. La canzone di John Lennon è diventata ambasciatrice di pace, portatrice di un messaggio universale di uguaglianza e fratellanza. Oppure che dire della foto divenuta simbolo di pace[71] dove due giovani si baciano stesi in mezzo alla strada mentre accanto a loro scoppia la guerriglia urbana?

Il *Vancouver Riot Kiss*, immagine del fotografo Richard Lam, scattata durante i disordini avvenuti nella città canadese a seguito della sconfitta della squadra di hockey cittadina dei Canucks contro i Bruins di Boston, ha fatto il giro del web.

[71] Ovviamente questa foto non è l'unica che simboleggia la pace. Nella storia della fotografia ne esistono anche molte altre.

Figura 54 *Vancouver Riot Kiss* di Richard Lam.[72]

Anche qui – come nel caso dell'orso di *National Geographic* – qualcuno ha parlato di "fake" perché non si sa se i due fossero davvero fidanzati o se il ragazzo stesse "solo" soccorrendo la ragazza spaventata, ma in questa sede poco importa. Quello che mi preme sottolineare è constatare di nuovo come nel nostro immaginario chi combatte per i valori in cui crede è destinato a diventare leggendario.

Su cosa si fondono le storie di valore

Visto che si parla tanto di valori, che cosa è un "valore"?

Secondo molti sociologi e antropologi, un valore – individuale o collettivo – è un ideale-esperienza che segna e contraddistingue un individuo o una comunità, tanto da determinare desideri, comportamenti e azioni politiche possibili di quel soggetto/i. Spesso sono e vengono associati con le *credenze*, perché hanno diverse dimensioni non dimostrabili razionalmente.

[72] http://www.dailymail.co.uk/news/article-3140428/Couple-shared-kiss-middle-street-riot-police-battled-angry-mob-Vancouver-item-live-Australia.html.

Come accennavamo prima, i valori cambiano nel tempo e nello spazio. Sono storicamente e geograficamente diversificati: perché appartengono inesorabilmente alla realtà sociale. Non dimentichiamoci che in certi periodi storici la schiavitù è stata un ideale-esperienza praticato e accettato dall'umanità sia moralmente che giuridicamente.

Quindi se vuoi raccontare *storie di valore* faresti bene a tendere le orecchie e a sintonizzarti sulla lunghezza d'onda giusta, cercando di capire non solo tu chi sei, cosa vuoi e in che cosa credi ma anche chi sono, cosa vogliono e in cosa credono i tuoi pubblici. Ricordi? Non stai vendendo solo prodotti, servizi, esperienze!

Le storie di valore si fondano sulla focalizzazioni di grandi ideali, principi e credenze. Solitamente hanno diverse dimensioni. Nello specifico:

- una dimensione *cognitiva*: perché i principi e le credenze vanno spiegati, motivati, argomentati (per esempio il valore dell'igiene si traduce nel lavarsi le mani, ma il gesto di lavarsi le mani va argomentato e spiegato);
- una dimensione *affettiva*: perché ci affezioniamo alle cose in cui crediamo. I valori sono profondamente interiorizzati tanto che, se traditi, spesso generano frustrazione o senso di colpa. Il termine "valore" deriva dal latino *valeo* che significa anche stare bene, per cui i valori producono benessere e ci danno sicurezza;
- una dimensione *orientativa e selettiva*: perché condizionano la capacità di scelta e orientano l'agire individuale o sociale. Nessuno si muove senza valori (anche se negativi);
- una dimensione *narrativa*: perché i valori vanno tramandati e raccontati. Non si interiorizzano senza una memoria culturale e un'azione sociale che ce li trasmette. E, ancora più importante, i valori si raccontano perché essendo spesso irrazionali, solo un racconto può portare significato là dove mancano le argomentazioni logiche.

Per cui la tua storia di valore dovrà fondarsi su precise:

- *argomentazioni*: quali sono i grandi temi che ci fanno incontrare? Cosa puoi fare per me e cosa vuoi da me rispetto al tuo progetto, prodotto, servizio, marca ecc.?
- *motivazioni affettive*: perché dovrei seguirti? Perché devo credere in te? Quale affettività ci unisce? Quale grande sogno e ideale?
- *orientamenti sociali*: quale destinazione mi stai offrendo? Dove mi porti con la tua storia?
- *narrazioni*: cosa esattamente mi racconti per creare significato intorno al tuo progetto, prodotto, servizio, marca che deve diventare considerevole per me (cioè di valore)?

Il concetto-esperienza di valore è talmente importante che nella nostra lingua indica anche il *merito* e il *prezzo*. Il valore di una persona (meritevole) e il costo di un bene. Siamo infatti disposti a pagare qualcosa o qualcuno perché diamo un peso e un'importanza a questo soggetto o oggetto.

Attenzione però, le storie di valore possono anche dividere perché non tutti condividono gli stessi valori.

IL BRAND ACTIVISM[73]

Una tendenza sempre più diffusa nelle attività di branding è quella dell'attivismo di marca. Non ha importanza che tu sia un'azienda o una persona, nella tua comunicazione puoi prendere una posizione sociale e/o etica e portarla avanti per fare branding di te stesso, delle tue attività e dei tuoi progetti.
Questa tendenza è stata identificata e descritta da Christian Sarkar e Philip Kotler[74] come una naturale evoluzione della Corporate Social

[73] Sul tema ti rimando alle importanti riflessioni ed esperienze di Paolo Iabichino. In particolare ti segnalo questi due suoi lavori: (con S. Gnasso) *Existential Marketing*, Hoepli, Milano 2014 e *Scripta volant*, Codice edizioni, Torino 2017.

[74] Fonte: http://www.marketingjournal.org/finally-brand-activism-philip-kotler-and-christian-sarkar/.

Responsibility in cui le aziende e i business passano da operazioni guidate dalla dimensione corporate a modelli guidati invece da scelte valoriali.
Il 2017 è stato identificato da molti specialisti di marketing e branding come l'anno dell'attivismo di marca, dal momento che si è registrata un'enorme crescita della spesa che i brand hanno dedicato a campagne collegate a cause e, dunque, sistemi valoriali.
Ma cosa si intende esattamente per *brand activism*?
Quando parliamo di brand activism, parliamo della scelta di un'azienda di avere un impatto su questioni sociali, economiche, politiche e ambientali. Non è una tendenza da sottovalutare: secondo alcune ricerche, il 91% dei millennials sarebbe disposto a cambiare brand in favore di uno associato a una causa.
Attenzione però a non farsi allettare da cifre da capogiro: il brand activism può rivelarsi un'arma a doppio taglio. E anche molto tagliente. Per due motivi:

- non bastano le parole. Non ti sarà sufficiente dichiarare il tuo impegno per una causa se poi non lo metti in pratica. Il classico "predichi bene ma razzoli male", insomma, che il tuo pubblico nell'era di internet fiuta e scova immediatamente. Il rischio di sembrare ipocrita è dietro l'angolo;
- le cause per cui combatti possono dividere. Anzi, se sono cause particolarmente infuocate è praticamente certo che lo faranno. Preparati a guadagnare pubblico, ma anche a perderlo.

Forse hai sentito parlare della polemica scoppiata intorno a Starbucks nel gennaio 2017: quando Trump ha annunciato il blocco dell'immigrazione da sette Stati musulmani, Starbucks dal canto suo ha annunciato il suo piano di assunzione di 10.000 rifugiati in cinque anni.
Tanto i social quanto l'opinione pubblica si sono spaccati.
Insomma, se decidi di seguire la via del brand activism, assicurati di poter veramente mantenere il tuo impegno e preparati anche a essere criticato. Per approfondire ti segnalo anche questo e-book fatto dalla mia società: http://www.storyfactory.it/storytelling-brand-activism-storyfactory-ebook/.

I VALORI SONO FIACCOLE

Alcuni brand hanno capito prima di altri l'importanza delle storie di valore, e tra questi i brand del mondo del lusso fanno da capofila.

Del resto gli oggetti di lusso sono quegli oggetti il cui valore economico non corrisponde alla semplice somma dei costi di produzione più il margine di profitto, ma superano di gran lunga questi due e, soprattutto, hanno un potere immenso nel nostro immaginario.

Una borsa di Louis Vuitton o di Hermès, un orologio Rolex o un gioiello Cartier non sono *solo* borse, orologi e gioielli, sono uno status symbol.

Come raccontare, consolidare e continuare a costruire questo valore?

Mi piace molto la risposta che la casa di moda Chanel ha dato a questa domanda.

A partire dal 2013, infatti, il brand parigino ha lanciato sul suo canale YouTube una serie di video intitolata *Inside Chanel*, che continua ancora oggi. Attraverso questi brevi video animati Chanel racconta se stessa, le sue origini, le sue icone. Ci spiega come e perché l'atelier di Coco Chanel è diventato paradigma di eleganza, e perché continua a esserlo ancora oggi.

I video sono numerosi e tutti molto interessanti, i protagonisti sono i prodotti iconici (il profumo Chanel N°5, la Little Black Jacket), i simboli e i colori del brand (il leone, il diamante, il nero e il bianco) e soprattutto la sua stilista: Coco Chanel.

La storia di Coco Chanel inizia come devono iniziare tutte le storie che si rispettino.

C'era una volta...

C'era una volta una bambina che nascose le sue umili origini per tutta la vita, e preferì inventarsi la propria leggenda.

Così inizia *Coco,* il primo dei video di *Inside Chanel* dedicati alla stilista, e fin dalle prime parole capiamo subito che, in effetti, più che di storia è meglio parlare di leggenda.

Con questo linguaggio, simbologia e stile è narrata la storia di Coco, abbandonata dai genitori in orfanotrofio e diventata un'icona di stile.

Tutta la storia personale di Coco contribuisce alla costruzione mitica del suo personaggio. La riporto qui integralmente, perché sarebbe impossibile tralasciare degli elementi ed evidenziarne altri. Tutti i temi trattati, le parole utilizzate, gli accenni velati restituiscono un grande affresco che è la storia di valore raccontata da Chanel. La colonna sonora, la voce incalzante del narratore e le animazioni utilizzate contribuiscono a creare un immaginario potente dal quale ti invito a lasciarti ammaliare in prima persona gustandoti il video.

> C'era una volta una bambina che nascose le sue umili origini per tutta la vita, e preferì inventarsi la propria leggenda.
> C'era una volta Gabrielle Chanel, nata nel segno del Leone, da un venditore ambulante e da una lavandaia, che morì a 32 anni provata dalla vita.
> C'era una volta un padre che abbandonò i suoi cinque figli e mandò le tre sorelle in un orfanotrofio. A dodici anni, Gabrielle non l'avrebbe mai più rivisto. Da allora raccontò sempre che era andato in America in cerca di fortuna.
> C'era una volta un orfanotrofio dietro le mura di un convento: l'abbazia di Aubazine, dove Gabrielle visse quasi sette anni. La purezza romanica di questo mondo ascetico le avrebbe ispirato un senso di austerità e l'amore per il bianco e il nero, mentre l'opulenza degli abiti religiosi e degli oggetti da cerimonia avrebbero acceso in lei, negli anni a venire, la passione per lo stile barocco, l'oro e le gemme colorate.
> C'era una volta una bellissima ragazza che passava le giornate a cucire, e le serate a cantare in un cabaret, davanti alle truppe di cavalleria. La chiamavano "Coco", perché cantava spesso "Chi ha visto Coco nel Trocadéro?" Ma preferiva raccontare che Coco era il soprannome che le aveva dato suo padre.
> C'era una volta una giovane donna dall'aspetto mascolino che si rifiutava di cavalcare all'amazzone i cavalli di un nobile ufficiale, Etienne Balsan. Si vestiva come nessun'altra allora, prendendo ispirazione dal guardaroba maschile e inventando nuovi cappelli a cui toglieva ogni ornamento, per renderli più semplici, leggeri ed eleganti. Le sue prime clienti erano lavoratrici, ma l'alta società presto le seguì.
> C'era una volta un grande amore, chiamato Boy Capel, inglese, ricco e colto. Era l'uomo dei suoi sogni. La iniziò alla letteratura, all'Oriente e

all'esoterismo. Boy aiutò Coco a diventare Chanel. Gabrielle decise di aprire le sue prime boutique a Parigi, Deauville e Biarritz.
Voleva lavorare per ottenere la sua libertà.
C'era una volta una rivoluzione, quando in un lampo di genio Coco Chanel trasforma la silhouette femminile. Accorcia gli abiti, svela le caviglie, libera il punto vita, elimina i corsetti, riporta in voga il jersey, i capelli corti e la pelle abbronzata. Chanel chiude un'era e proietta la moda in un nuovo secolo.
C'era una volta, al 31 di rue Cambon, la prima casa di moda che *Mademoiselle* aprì a Parigi nel 1918. La ragazzina arrivata dalle campagne dell'Alvernia, l'orfana di Aubazine, era diventata la regina di Parigi. Prima di liberare le donne, aveva liberato se stessa.
C'era una volta una storia d'amore che finì bruscamente, Boy Capel muore in un incidente d'auto. Per la prima e unica volta, Chanel fu vista piangere.
"O muoio anche io", disse, "oppure finisco quel che abbiamo iniziato insieme."
Scelse di andare avanti.

Figura 55 Screenshot tratto dal video *Coco – Inside Chanel*.[75]

Cosa ci racconta questa video storia?

Non ci parla dei valori dell'odierno brand Chanel, non ci racconta la successione cronologica degli avvenimenti nella carriera e

[75] https://www.youtube.com/watch?v=2G88zqPxJ00&t=.

nella vita di Gabrielle. Ci catapulta in un mondo onirico, in una favola moderna: Coco Chanel diventa l'eroina del XX secolo, togliendo i corsetti dagli abiti delle donne le libera dalle convinzioni sociali, lavorando in modo autonomo e indipendente le libera da una società che le vuole chiuse in casa. I suoi abiti non sono semplici indumenti, si ispirano all'arte, alla letteratura, a diverse culture.

Le parole utilizzate non sono casuali. Si parla di:

- *passione,*
- *ispirazione,*
- *rifiuto* per le convenzioni sociali,
- *genio,*
- *libertà,*
- *scelta.*

Anche quando si parla di moda, in realtà, l'immaginario che si sfiora è sempre quello dei valori: Coco Chanel non confeziona semplicemente abiti senza corsetti, ma *libera il punto vita.*

Analizzare il lessico sicuramente rende l'idea di quanto questa storia sia profondamente intrisa di valori, ma non è sufficiente: riflettiamo sul racconto nel suo insieme. Si narra di una bambina abbandonata dai genitori, costretta ad affrontare le difficoltà della vita e dolcemente umana nel voler raccontare agli altri una storia personale più bella di quello che è stata finora. Coco cresce, diventa una giovane donna, e decide di sfidare le convenzioni del suo tempo: non solo rifiutando di montare all'amazzone, ma a modo suo, creando degli abiti per le donne che non fossero semplici indumenti. C'è la storia del grande amore, raccontato come una comunione mentale e spirituale prima ancora che fisica, c'è l'accenno al retroterra culturale di Coco che si trasferirà nei suoi abiti, le cui linee e colori non saranno certo casuali. E poi c'è la dichiarazione finale, la presa di posizione, la storia del coraggio di una donna rimasta sola in un mondo ostile, ma che sceglie di andare avanti, riscrivendo per sempre la storia della moda.

Come si fa a non rimanere affascinati da una storia così? Sono sicuro che da oggi, qualunque opinione tu abbia della moda, del lusso, di Chanel, guarderai questo brand con occhio diverso.

Se Coco Chanel è stata tutto questo, per forza di cose allora il brand non è soltanto una casa di moda, ma è erede e custode di un sistema di valori che trasmette ancora oggi. Indossare un abito Chanel non è fare sfoggio di un oggetto di lusso, ma incarnare una serie di valori – libertà, auto-determinazione, coraggio – che sono ancora vivi e che Coco Chanel per prima ha trasmesso.

Non si tratta semplicemente di raccontare la storia di un brand, non è la pura e semplice storicità, l'etichetta "Dal 1910" (che infatti Chanel non usa), a determinare il valore della *maison*, a proiettarla nell'Olimpo del lusso. È affondare le radici di questo brand in una storia di valori, che lo rende un faro anche nella società contemporanea.

La fiaccola di Coco Chanel, di questa donna che ha scelto il lavoro come mezzo di affermazione personale, che ha rivoluzionato la nostra idea di moda, brilla ancora attraverso la *maison*.

Storie di valori o storie di disvalori?

Se ti chiedessi di elencarmi dei valori, probabilmente ti verrebbero in mente più o meno gli stessi di cui parlano *Imagine* e il video di Chanel: libertà, uguaglianza, coraggio.

Dicevamo però all'inizio di questo capitolo che è fondamentale parlare di valori che il nostro pubblico riconosce effettivamente come tali.

I valori infatti sono tanti ma se ci concentriamo su una specifica comunità possiamo stringere il cerchio. Per esempio in Occidente i valori della libertà, dell'uguaglianza, delle pari opportunità sono senza dubbio (almeno in teoria) principi rilevanti.

Se pensiamo alle serie TV che guardiamo o ai libri che leggiamo, possiamo sempre ritrovare delle piccole o grandi storie di valori.

Per esempio, *Stranger Things* ci parla anche del valore dell'amicizia: i piccoli protagonisti Mike, Dustin e Lucas sono disposti a sacrificare qualsiasi cosa per ritrovare il loro amico scomparso, e sono guidati da piccole fondamentali regole. “Agli amici bisogna sempre dire la verità” spiega Mike a Undici, e lei terrà sempre ben in mente questo principio, ricordandolo anche a Mike stesso quando lui sembrerà vacillare.

L’elenco di valori è lungo, le storie che possiamo raccontare sono tante.

Ma stringiamo ancora di più il nostro cerchio e attingiamo alle nostre radici culturali e sociali di italiani: la lista si allunga ancora. Per dirne uno: il cibo.

Per noi italiani il cibo è sacro: non è semplicemente rispondere al bisogno di fame, ma significa convivialità, famiglia, vicinanza. Cucinare è un gesto d’amore, si dice. E le nostre ricette tradizionali, i nostri ingredienti, sono per noi altrettanto sacri.

Sentire Joe Bastianich dire che la sua pizza preferita è quella con l’ananas, ci fa senza dubbio venire più di un capello bianco.

Proprio sul disgusto e sul senso di affronto che proviamo quando vediamo certe eresie alimentari gioca il FAI, Fondo Ambiente Italiano, con il suo video *I soliti Italiani.*

Il video inizia con questo disclaimer.

Figura 56 Screenshot tratto dal video *I soliti Italiani – Ricordiamoci di salvare l’Italia.*[76]

76 https://www.youtube.com/watch?v=SIbcuYarZSw.

E in effetti, se poco dopo vediamo una signora intingere un gamberetto in una tazza di cappuccino, altro che "urtare la sensibilità".

Vuoi vedere? Siediti, prendi un bel respiro e tieni bene a mente i manicaretti cucinati dalle tue nonne.

Figura 57 Screenshot tratto dal video *I soliti Italiani – Ricordiamoci di salvare l'Italia*.

Lo so, non ti saresti certo aspettato questa immagine raccapricciante quando hai aperto per la prima volta questo libro.

Ma la tua reazione – nausea, disgusto, impressione di aver subìto un oltraggio – è esattamente quella che vuole suscitare il FAI. E soprattutto la vuole mettere a confronto con la reazione che provi vedendo le immagini successive del video, come per esempio questa:

Figura 58 Screenshot tratto dal video *I soliti Italiani – Ricordiamoci di salvare l'Italia*.

Perché la nostra reazione di fronte alle condizioni disastrose in cui versano pezzi del nostro patrimonio culturale non è così intensa come quella che abbiamo vedendo mettere il ketchup sugli spaghetti?

Eppure dovremmo provare proprio le stesse emozioni e sensazioni – nausea, disgusto, oltraggio – che anzi dovrebbero essere ancora più accentuate, dal momento che il gamberetto intinto nel cappuccino non ce lo mangiamo certo noi, ma quella chiesa diroccata in fondo è anche nostra.

È proprio su questo che ci vuole far riflettere il FAI, che da anni si occupa di recuperare, tutelare e valorizzare siti di interesse storico e culturale. Come vedi, qui non ci sono lunghi testi raccontati in sottofondo, ma semplici immagini che giocano sui contrasti. Da un lato immagini luminose (ti ricordi il buio e la luce delle storie di salvezza?) di oltraggi alla nostra tradizione culinaria, dall'altro il degrado del nostro patrimonio culturale.

ESERCIZIO: "TUTTI I VALORI DEL MONDO"

- Uguaglianza
- Autonomia
- Libertà
- Solidarietà
- Competenza
- Merito
- Altruismo
- Famiglia
- Amicizia
- Onestà
- Pace
- Trasparenza
- Fiducia
- Competitività

L'elenco potrebbe essere molto più lungo. Continualo tu, e prova a individuare anche i corrispondenti disvalori.

- ______________________________
- ______________________________
- ______________________________
- ______________________________
- ______________________________
- ______________________________

Il contrasto stridente accentua il messaggio che il FAI vuole comunicare, e mette a nudo i valori un po' distorti con cui percepiamo la nostra realtà.

La diversità dei video di Chanel e del FAI altro non sono che lo specchio di due esigenze molto diverse: da un lato raccontare a pieno una storia densa di valori, far intuire tutte le sue componenti e costruire la raffigurazione mitica di un personaggio; dall'altro mostrare quello che è un disvalore, dandogli incisività con una sola immagine forte, e accostandola ad altre immagini, innestate in una storia che gioca sui contrasti.

Quando stai per progettare la tua storia di valori, pensa al modo più incisivo con cui potrai trasmetterli: la scelta non è sempre il lungo testo così come non è sempre la singola immagine, ma è sempre subordinata a far arrivare un messaggio al tuo pubblico. Forte e chiaro.

IL REDEMPTIVE SELF: LA VIA DELLA REDENZIONE

Uno dei temi e delle sfide più ricorrenti nelle *storie di valore* è il *riscatto* individuale e sociale, l'emancipazione. In fin dei conti il famoso "I have a dream", ricordato all'inizio del capitolo, nasce da questo: la volontà di affrancarsi dalla propria situazione. Migliorarsi, redimersi.

Alcuni studi recenti hanno messo in evidenza come tutta la cultura occidentale e ormai mondiale si fondi sul tema del cosiddetto "Sé redentivo". È stato lo studioso McAdams il primo a identificare questa struttura cha ha definito "Redemptive Self" o "Sé redentivo"[77] nella nostra cultura.

In generale, esso si fonda – proprio come Harry Potter, Rossella O'Hara, Ercole, Walter White o tantissimi altri protagonisti alla base della nostra tradizione narrativa popolare o meno – sull'idea che sia possibile migliorarsi sempre e, nonostante le avversità delle condizioni sociali o della vita, riuscire nella propria realizzazione.

Possiamo farcela ed essere felici, questo è il messaggio. Messaggio contenuto in tutte *fiabe del lieto fine* dove un *soggetto in condizione nevrotica* prova a essere felice.[78]

[77] Cfr. D. P. McAdams, *The Redemptive Self. Stories Americans Live By*, Oxford University Press, Oxford 2006.

[78] Cfr. M.-L.von Franz, *Le fiabe del lieto fine. Psicologia delle storie di redenzione*, Red Edizioni, Milano 2004. A. Fontana, *#IoCredoAlleSirene,* cit.

Farcela ed essere felici, non è forse l'unico mantra che ci interessa sentire rispetto al nostro futuro?

Un singolo protagonista, il cui destino manifesto è quello di fare una differenza positiva in un mondo ostile, anche quando il mondo non desidera fare nessuna diavolo di differenza positiva.

E una che sa cosa significa combattere per la propria felicità è Bebe Vio.

Ti faccio vedere cosa ci racconta in un post sul suo profilo Facebook la campionessa paralimpica di fioretto.

Figura 59 Screenshot tratto dal profilo Facebook di Beatrice Vio.[79]

[79] https://www.facebook.com/BeatriceVioOfficialPage/.

Bebe è una bambina, ora una donna, che decide di inseguire i suoi sogni a dispetto del parere di tutti. Fin da piccola si scontra con un mondo ostile, con un destino che con lei è stato particolarmente feroce, dal momento che la meningite le ha portato via gli arti inferiori e superiori. Ma lei non si è arresa, ha sfidato il suo ostacolo fisico tanto quanto i paletti imposti dagli altri, da un mondo che le diceva "lascia stare".

I valori che ha scelto di perseguire, i valori dello sport, dei propri sogni, delle proprie passioni, l'hanno trasformata in un modello valoriale a sua volta, un simbolo di chi non si arrende alle batoste che a volte ci infligge la vita. Raccontare storie di valori significa anche parlare di chi, quei valori, li persegue e li rappresenta.

Per cosa versi lacrime e ti indigni

Se vuoi costruire una storia di valore devi predisporti ad avere nel tuo racconto (sia in termini di contenuti che di immagini):

- la ricerca di un grande significato vitale per te e per gli altri: in cosa credi?
- la sensibilità verso la sofferenza altrui: se non sei empatico con il mondo, come pretendi di diventare un esempio?
- l'integrità nelle tue azioni di branding: evita di dire che la marmellata è cattiva e poi farti trovare con le dita nel barattolo.

Inoltre, i tuoi racconti devono essere:

- drammaticamente intensi ma sempre positivi: Martin Luter King sapeva a cosa andava incontro, ma rimaneva fedele ai propri valori e non lasciava trapelare la sua angoscia;
- combattuti tra potere e amore, senso dell'io e senso del noi: nel raccontarti ti stai mettendo in mostra, per cui evita di fare sempre il vincente a tutti i costi (anche perché non lo sei e non va nemmeno più di moda);
- tesi al miglioramento di se stessi e della propria comunità di riferimento.

Se ci pensi, questo schema nella nostra cultura è estremamente presente e pervasivo; lo abbiamo interiorizzato al di là di ogni ragionevole dubbio o possibile consapevolezza. Anche quando postiamo foto su Facebook o Instagram dove appariamo sempre felici, sorridenti: "compiuti".

Su ogni nostro media, in ogni istante della nostra esistenza, fruiamo storie in cui dei *sé redentivi* vanno in onda: mostrandosi e raccontandosi.

Quindi con la tua attività di branding o il tuo posizionamento individuale:

- per cosa versi lacrime e ti indigni?
- da cosa stai cercando di affrancarti?
- da cosa vuoi che il tuo pubblico si affranchi?
- qual è la tua missione redentiva nel mondo?
- cosa non sopporti a livello di ingiustizie e prevaricazioni diffuse e come puoi provare a porvi rimedio?
- i tuoi prodotti, servizi, marche, attività di vita o professione in che senso sono *beni*? Cioè che bene portano nel mondo?

Insomma, se senti che le storie di valore sono la tua linea di racconto, preparati. Perché, come Bebe Vio, stai per diventare una guida e un mentore.

STORIE ESEMPLARI PER GUIDARCI

Non solo "Sé redentivo" ma anche *esemplarità*. Le storie di valore chiedono, vogliono, esigono esempi edificanti. Se versi lacrime allora devi agire.

Nei momenti di difficoltà, infatti, ci chiediamo sempre cosa farebbe una determinata persona: nostra madre, nostro padre, un amico, un mentore, un profeta o un santo se siamo religiosi e a volte persino il protagonista della nostra serie TV preferita. Ci ispiriamo a una persona perché vediamo in lei o in lui un modello, dotato delle capacità che vorremmo avere e dei valori che vorremmo perseguire.

Le storie di valori sono le storie capaci di guidarci, di darci una bussola da seguire nei momenti di dubbio e indecisione. Per cui, se vuoi creare storie così devi diventare non solo esemplare, ma un modello, di virtù, competenza, azione. Questo significa che se scegli questa linea narrativa ti stai mettendo, magari tuo malgrado, nella condizione di non trasgredire. Se prometti, poi mantieni, altrimenti la reputazione costruita crollerà e a lungo andare nessuno ti crederà più.[80]

Quando scegliamo di fare qualcosa, sapere di compiere un gesto che ha valore ci dà gratificazione. Quando acquistiamo un prodotto, sapere di fare una scelta di valore (comprare un abito non fabbricato da bambini, comprare prodotti a basso impatto ambientale) ci sostiene nel momento dell'acquisto, quando magari potrebbe venirci qualche dubbio.

Ecco perché per un brand è importante raccontare delle storie di valori coerenti e plausibili, che possano rassicurare il pubblico circa l'effettiva veridicità delle storie.

I sentimenti che innesca una bella storia di valore, infatti, sono molteplici: grazia, speranza, anche determinazione nel sostenere quella marca o quell'individuo se sentiamo che il fondamento valoriale è davvero solido e valido. Perché lo street artist Banksy è diventato così famoso anche tra i non esperti del settore?

Magari il nome lì per lì ti sfugge, ma sono certo che il graffito raffigurato qui di seguito almeno una volta l'hai visto, anche solo su una bacheca di Facebook.

[80] Pensiamo alla triste condizione della politica italiana. Anni di promesse tradite hanno portato, indipendentemente dagli ideali e dagli schieramenti a una grandissima disaffezione verso l'interesse della cosa pubblica e, in senso lato, verso l'azione partitico-politica.

Figura 60 Opera di street art dell'artista Banksy.

Si tratta di uno dei graffiti più famosi di Banksy, e in effetti si ricollega a un valore universale: la pace. Al posto che lanciare granate, lanciamo fiori... mettiamo i fiori nei nostri cannoni, immagina se tutte le persone vivessero in pace, diceva Lennon.

Dicevamo però che le storie di valore che raccontiamo devono essere coerenti con noi stessi, altrimenti possono trasformarsi in una terribile arma a doppio taglio. Ora ti racconto la storia di una moderna statua.

Attento, se non sei sincero: ti vedo!

Ci troviamo a Manhattan, nel quartiere finanziario, e quella che vedi nella foto a pagina seguente è la statua di una bambina che, con aria sicura e braccia contro i fianchi, sfida coraggiosamente il toro simbolo di Wall Street.

Figura 61 *Fearless Girl*, New York 2017.[81]

L'opera si chiama *Fearless Girl,* realizzata dall'artista Kristen Visbal e commissionata dalla società di investimenti State Street Global Advisors (SSGA), è stata installata di fronte al celeberrimo toro il 7 marzo 2017, il giorno prima dell'International Women's Day, ed è diventata il simbolo della lotta per la parità di genere e la parità salariale nelle aziende americane prima e di tutto il mondo poi.

Insomma, guardala: non suscita adesione e consenso? Anche io vorrei mettermi di fianco a pugni chiusi a sfidare il mostro!

Il suo messaggio arriva forte e chiaro. Rimaniamo incantati nel guardare lo sguardo sicuro di lei e la posa da piccola guerriera, che riesce a sembrare al contempo minuscola ma imponente di fronte al minaccioso toro. Inutile dirlo, la statua è diventata virale, i social sono stati letteralmente inondati di foto di uomini, donne e bambini in posa accanto a questa piccola-grande *Fearless Girl.*

[81] https://www.nytimes.com/2017/03/27/nyregion/fearless-girl-statue-de-blasio.html.

Peccato che, poco dopo, sia esplosa anche la notizia che la State Street Global Advisors non sia tanto attenta alla parità di genere come vorrebbe far sembrare: il Dipartimento del Lavoro degli Stati Uniti, infatti, ha pubblicato i risultati di un'inchiesta iniziata nel 2012, secondo la quale la società ha attuato pratiche di discriminazione salariale, ben trecento donne e quindici dipendenti di colore hanno ricevuto infatti stipendi inferiori rispetto ai pari ruolo uomini e bianchi. La società ovviamente ha negato le accuse, ma ha accettato di pagare una sanzione di cinque milioni di dollari, e i social media si sono scatenati inondandola di accuse di ipocrisia.

La statua continua certamente a raccontare la sua storia di valori, ma la società che l'ha commissionata non è più associata a questi valori che *Fearless Girl* propone.

Adesso che ti prepari a raccontare la tua storia di valori, dunque, non trascurare nessun dettaglio e fai in modo che il tuo messaggio sia coerente con ciò che concretamente fai, e anche con le sfide che tu stesso affronti.

La sfida di *Fearless Girl* era quella di affrontare il toro di Wall Street, il simbolo di un mondo maschile, per portare la parità di genere e costruire un mondo migliore. E in senso lato abbattere il mostro della finanza priva di etica che attanaglia oggi nazioni e popoli. La sfida di Coco Chanel era quella di liberare le donne dai vincoli e dalle convenzioni imposte dalla società. La sfida del FAI è quella di tutelare il nostro patrimonio culturale perché sia fruibile da tutti.

Solo una di queste sfide, quella di *Fearless Girl*, si è rivelata un'arma a doppio taglio, mentre negli altri due casi il messaggio che la storia narrata vuole comunicare ha rinforzato il messaggio del brand stesso.

LE STORIE CHE VALGONO

Il tesoro delle storie di valore sono i modelli di riferimento. Come dicevamo all'inizio, noi ci lasciamo spronare da una persona o da un gruppo di riferimento perché troviamo che il suo sistema valoriale – principi morali e comportamenti – sia coerente col nostro, facendoci sentire bene. I valori che scegliamo, i modelli che identifichiamo, sono ciò verso cui noi, esseri umani fallaci e imperfetti, più o meno inconsciamente tendiamo. Magari il nostro modello è tanto umano e tanto fallace quanto noi, ma non ci importa, perché ciò che noi percepiamo è il simbolo, è il valore che lui rappresenta. Chi era il tuo eroe da bambino? Batman, Xena, Topolino, tua mamma o tuo papà, poco importa: era qualcuno che in un certo modo veneravi, e che cercavi di imitare.

Tabella 8 Tabella narrativa delle storie di valore.

Temi	Sfide	Sentimenti	Tesori
• Libertà • Uguaglianza • Solidarietà • Indipendenza	• Affrancamento • Emancipazione • Riscatto • Tutela • Protezione • Controllo	• Tradimento • Imbroglio • Raggiro vs • Conforto • Riconoscimento • Fedeltà	**"La fiaccola"** • Illuminazione • Benessere • Rivelazione • Ispirazione

Raccontare una storia di valore significa far tornare il tuo pubblico un po' bambino, ispirarlo, dargli un ideale verso cui tendere. Perché nel modello di valore che scegliamo come nostro prediletto, in qualche modo vediamo la versione migliore di noi stessi. L'enorme tesoro che doni al tuo pubblico quando gli racconti una storia di valore è la fiaccola, che illumina il percorso che vuole seguire per raggiungere ciò che desidera.

Ascoltiamo le storie di valori, dunque, perché troviamo in esse conforto, benessere e fonte di illuminazione, per migliorare noi stessi e il mondo.

Le *storie di valore* creano il contesto in cui si opera, danno senso al nostro vivere sociale e alla nostra storia commerciale o all'attività di branding. Definiscono il significato dell'interazione che abbiamo con gli altri e gli atteggiamenti che adottiamo nei confronti di noi stessi e della nostra comunità di riferimento. Le storie di valore sono importanti. Raccontale con cura e rispetto.

CHECK LIST DI AUTOVALUTAZIONE

Nelle mie attività di branding...

- Ho individuato gli elementi di valore con cui potermi raccontare agli occhi del mio pubblico?
- In che modo riesco a soddisfare le esigenze di valore e credenza presenti nelle storie di vita del mio pubblico?
- Perché e come ho deciso di raffigurarmi in qualità di portatore di una "rivelazione" valoriale?
- Con quali contenuti visivi e scritti rappresento questo tipo di "rivelazione"?
- Quale meta finale suggerisco rispetto ai valori richiesti?
- Che emozioni prova – in termini di "rivelazioni" – il pubblico vicino al mio mondo personale e/o aziendale?
- Quale "fiaccola" porto?
- Come mi percepiscono gli altri rispetto alla dimensione di "rivelazione" che porto avanti?
- Sono davvero autentico in questo "rivelare"?
- Ho scelto gli strumenti adatti per rappresentarmi al meglio con le *storie di valore*?

CAPITOLO 12
STORIE DI CURA: SE TU NON TI CHINI, IO NON CRESCO

"Una parte della salute sta nel voler essere curati."

LUCIO ANNEO SENECA

Anche il più forte degli uomini o la più caparbia delle donne hanno bisogno di attenzioni e cure. Senza riposo, distensione, dedizione tutto il nostro mondo sarebbe solo un devastante caos: una continua tensione conflittuale.

Le *storie di cura* ci raccontano il nostro bisogno umano di ricevere attenzioni, e il nostro bisogno altrettanto umano di donarne. Il protagonista delle storie di cura è un protagonista che necessita di qualcuno che gli tenda la mano in un momento di difficoltà, o viceversa è un protagonista che vuole fare una carezza a qualcuno che ne ha bisogno.

Sono storie delicate e potenti: ci ricordano tutta quella sensibilità e quell'attenzione verso gli altri che a volte, in un mondo che ci sembra sempre più incattivito, pensiamo non esista più.

COME FUNZIONANO LE STORIE DI CURA

Il *Piccolo Principe* è un testo molto citato. Impossibile da dimenticare, costellato di frasi tanto semplici quanto incisive che sono diventate immortali. E per certi versi molto abusate nella pubblicistica aziendale e motivazionale. Sono sicuro però che non ti ricordi esattamente di cosa parla. È un racconto molto più complesso di quanto non appaia. E quindi adesso lo riprendo per capire come funzionano le *storie di cura*.

Qual è la trama del libro?

È la storia di un bambino, unico abitante di un piccolo asteroide, che inizia a viaggiare per lo spazio, finendo anche sulla Terra. Durante la sua avventura incontra numerosi personaggi, uno più particolare dell'altro, e alla fine arriva alla conclusione che gli adulti sono proprio strani.

È la ragione del suo viaggio, però, che ci interessa adesso: il Piccolo Principe lascia il suo pianeta di cui si prende amorevolmente cura ogni giorno perché infestato dai baobab. Trattandosi di un minuscolo asteroide, l'infestazione di queste piante così grandi e forti rischia di distruggere il pianeta del protagonista, che quindi decide di andare alla ricerca di una pecora che possa mangiare i germogli tanto nocivi. Ma il Piccolo Principe non è preoccupato solo del suo pianeta, bensì anche di un altro suo abitante: una piccola rosa, un po' vanitosa e scorbutica, e dalla quale scopre di essere stato ingannato. La sua rosa infatti gli aveva detto di essere unica, ma sulla Terra il bambino scopre intere distese di questi bellissimi fiori.

Sarà la volpe ad aprirgli gli occhi, e la verità che il Piccolo Principe scopre è travolgente:

> Un qualsiasi passante crederebbe che la mia rosa vi rassomigli, ma lei, lei sola, è più importante di tutte voi, perché è lei che ho innaffiata. Perché è lei che ho messo sotto la campana di vetro. Perché è lei che ho riparata col paravento. Perché su di lei ho uccisi i bruchi (salvo i due o tre per le farfalle).[82]

È vero, *Il Piccolo Principe* è una storia di amicizia, di valori, di innocenza. Ma mai come leggendo questo passaggio ci appare chiaro che si tratta, in fondo, anche di una *storia di cura*.

La storia di un bambino che lascia il suo pianeta verso l'ignoto, perché casa sua e chi ama sono in pericolo, e lui solo può salvarli. La

[82] A. de Saint-Exupéry, *Il Piccolo Principe*, Bompiani, Milano 1997.

storia di un bambino che scopre come il prendersi cura quotidianamente della sua rosa, dedicandole tempo ed energie, l'abbia resa unica al mondo.

Le storie di cura sono così: ci parlano di attenzione, dedizione, piccoli gesti che diventano grandi per qualcuno o per tutti. Anche se a volte bisogna "uccidere" dei bruchi.

UN PICCOLO GESTO... FA LA DIFFERENZA

È il primo giorno di scuola di una bambina. La piccola protagonista è intimidita e spaventata, titubante nel varcare la soglia di casa, ma la mamma è lì pronta per sostenerla.

"Non so cosa succederà" bisbiglia la bimba.

"Sì che lo sai" risponde decisa la mamma. "Puoi decidere."

Da tutt'altra parte una donna si sveglia, saluta il compagno e sale in macchina per andare al lavoro. Le due storie si sviluppano assieme, e inizia un crescendo emotivo in cui, in un susseguirsi di scene, vediamo la vita della bambina, tra amici di scuola, viaggi e primi amori. In sottofondo sentiamo la sua voce raccontare come si immagina il suo futuro e tutti i desideri che vorrebbe realizzare.

Figura 62 Screenshot tratto dal video *The New Volvo XC60 – Moments*.[83]

[83] https://www.youtube.com/watch?v=pjQt2lEZIXg.

La colonna sonora si fa più intensa, le scene scorrono più rapidamente in un continuo scambio tra presente e futuro, fino a che i destini della piccola sognatrice e della donna non si intrecciano: la bambina diretta a scuola attraversa con innocente incoscienza quella stessa strada dalla quale la donna alla guida distoglie per un momento lo sguardo.

Ed ecco il colpo di scena: i sensori dell'automobile individuano un pedone, i freni si attivano da soli e la macchina inchioda. *Sometimes the moments that never happened matter the most.*[84] La bimba si volta, guarda la donna paralizzata dallo spavento. Le sorride.

Figura 63 Screenshot tratto dal video *The New Volvo XC60 – Moments*.

È la trama del corto prodotto dall'agenzia svedese Forsman & Bodenfors per Volvo, intitolato *Moments*.

Possibile? Di solito le pubblicità di automobili raccontano sempre la stessa cosa: quanto è potente il motore, quanto è bello guidare su strade deserte in mezzo a paesaggi mozzafiato. Già, peccato che la nostra quotidianità non sia una strada del Wyoming ma una città trafficata, dove guidare – tra parcheggi selvaggi, code ai semafori e attraversamenti pericolosi – è tutt'altro che rilassante.

La La camminata della bambina verso la scuola e verso il futuro che abbiamo sognato con lei può ricominciare. Un posizionamento così innovativo è stato presto recepito anche da altre case automobilistiche, tra cui Volkswagen.

A distanza di pochi mesi dal corto di Volvo, lanciato a giugno

[84] "A volte i momenti che non accadono sono quelli che contano di più".

2017, arriva la risposta della casa tedesca, che il 20 dicembre 2017 diffonde il commercial *Kids Dreams*. Come potrai intuire, sempre di bambini si tratta. E ritorna anche il tema dei loro sogni: i numerosi piccoli protagonisti dello spot Volkswagen sono ripresi mentre osservano rapiti l'iconica DeLorean di *Ritorno al Futuro*, mentre immaginano di sfrecciare in pista su macchine da corsa, mentre inseguono in bici una Ferrari per poterla vedere qualche minuto in più. I loro occhi sono sognanti mentre ascoltano il rombo di Porsche, Lamborghini, Bugatti. E la Volkswagen? Siamo un po' confusi, di quale casa automobilistica stiamo guardando il commercial?

Non ci siamo sbagliati, si tratta proprio di Volkswagen, che ammette candidamente "Difficilmente un bambino sogna una Volkswagen".

Ma è la Volkswagen che salva il bambino che, per vedere più da vicino una Bugatti, attraversa sovrappensiero la strada. Di nuovo, la macchina individua il pedone in mezzo alla strada e attiva automaticamente i freni. Il bambino nemmeno se ne accorge, continua il suo percorso con gli occhi scintillanti. Il guidatore sorride accondiscendente, si riconosce in quel piccolo appassionato di automobili: è rilassato, ci ha pensato la macchina a salvare la situazione.

Figura 64 Screenshot tratto dal video *Volkswagen Kids Dreams*.[85]

Keep on dreaming, Kids, conclude il video.

Alla vostra sicurezza ci pensa Volkswagen.

[85] https://www.youtube.com/watch?v=62XjfSDjahQ.

CALIBRARE L'INTENSITÀ EMOTIVA

Le storie di cura devono essere calibrate nella loro intensità emotiva, vedere il confronto tra la pubblicità di Volvo e quella di Volkswagen è un ottimo esercizio. Entrambi i video alla fine affrontano lo stesso tema, con gli stessi protagonisti: la sicurezza delle automobili, che può garantire ai bambini di continuare a sognare.

Ma avrai notato che i toni sono molto diversi. Più drammatico, a tratti quasi *epico*, il video di Volvo, più leggero e sognante quello di Volkswagen.

Scelte diverse che portano a un'impostazione totalmente diversa anche dal punto di vista della regia: in *Moments* abbiamo una sola protagonista, della quale conosciamo i sogni e le aspirazioni, e soprattutto della quale vediamo già il futuro come fosse realizzato. Ci viene naturale provare un forte istinto di protezione per questa bambina così piccola e dai sogni così grandi.

I protagonisti di *Kids Dream* invece sono tanti, è quasi una storia corale: ciascuno potrà immedesimarsi nel bambino che gioca a correre in pista o ricorderà il gruppo di amici con cui si scambiava le figurine delle macchine come avviene nel video.

Anche nel punto di svolta di tutta la trama, il momento dell'impatto fortunatamente mancato, le due storie naturalmente si distanziano. Con Volvo ci si arriva in un crescendo di emozioni, e ovviamente il momento della frenata è raccontato con tutta la drammaticità possibile, mentre nel caso di Volskswagen è più sfumato, delicato. Tant'è vero che la donna alla guida della Volvo è atterrita al pensiero di ciò che sarebbe potuto accadere, mentre il ragazzo al volante di Volkswagen sorride accondiscendente, consapevole di ciò che significhi essere un bambino con la testa tra le nuvole. La stessa storia, insomma, può essere raccontata con tante sfumature diverse, a seconda del tipo di impatto che vuoi avere sul tuo pubblico. Scegli quello che vuoi raccontare, e fai convergere tutti gli aspetti del tuo racconto in quella direzione.

UNA MELA AL GIORNO...

Ti ricordi questo slogan: "Plin, Plin"? E questo tipo di posizionamento di marca e prodotto?

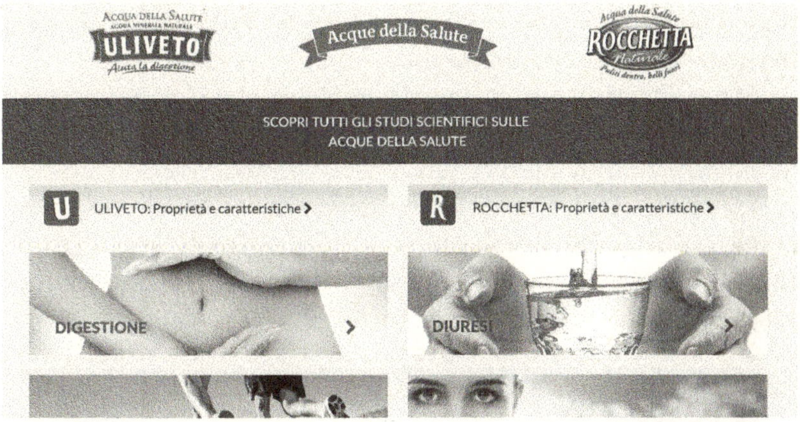

Figura 65 Screenshot tratto dal sito web http://acquedellasalute.it.

Adesso che stai diventando sempre più ferrato nella creazione di *storie che incantano*, avrai sicuramente capito che in fondo, nella loro immediatezza, i racconti di Uliveto e Rocchetta come "acque della salute" altro non sono che *storie di cura*.

Il messaggio è molto semplice: questo prodotto vi aiuta a stare bene, ogni giorno potete prendervi cura della vostra salute con un gesto semplice come bere un bicchiere d'acqua.

È lo stesso principio del famoso proverbio, *una mela al giorno toglie il medico di torno*, che tra l'altro anche in inglese ha una corrispondenza precisa: *an apple a day keeps the doctor away*.

Proprio così, anche un proverbio può essere una storia di cura.

QUALCUNO CHE MI TENDA LA MANO

Tutti noi nella nostra vita abbiamo bisogno di qualcuno che ci tenda la mano. La carezza di un nonno, nostra madre che ci medica il ginocchio sbucciato, il nostro amico che ci ammonisce quando stiamo per fare un gesto irresponsabile: sono tutti gesti di affetto e tenerezza che ci lasciano un segno.

Sono gesti che arrivano da persone vicino a noi, cui sentiamo di poterci affidare. Anche un'azienda però può prendersi cura di noi. Sì, anche le enormi multinazionali che ci sembrano senza volto.

25 Aprile 2015, Nepal. Un tremendo terremoto devasta la regione, causando innumerevoli morti e feriti. Tra di loro c'è anche Lisa, una ragazza straniera, che vede il mondo crollarle letteralmente addosso.

Figura 66 Screenshot tratto dal video *#BelieveinYou*.[86]

Ferita, in un Paese straniero, senza più nulla.

Lisa però scopre di non essere così sola: AXA, la sua compagnia assicurativa, è pronta a correre in suo aiuto. Nella sede AXA tutti sono in fermento e, dopo aver individuato l'esatta localizzazione,

[86] https://www.youtube.com/watch?v=DncsZ0lRrJQ.

uno di loro va sul campo a cercare Lisa. La trova in una tenda che accoglie i feriti, le fa una carezza. Chiama i suoi familiari preoccupati, li rassicura: Lisa non è sola, qualcuno si prende cura di lei.

Figura 67 Screenshot tratto dal video *#BelieveinYou*.

La storia continua: Lisa viene fatta rimpatriare, viene assistita con cure mediche e nel lungo percorso di riabilitazione. Alla fine è pronta: può tornare in Nepal e continuare a inseguire il suo sogno, fare la maestra in una scuola elementare.

Si tratta della prima campagna globale di AXA, che con questa storia ci racconta quanto possa fornire un aiuto diretto e concreto in caso di bisogno. AXA, come Volvo e Volkswagen, scelgono di raccontare una storia in cui scendono in campo ad aiutare i protagonisti che si trovano in un momento di difficoltà (l'eterno schema situazione | problema | soluzione).

Ripensiamo un attimo a Tesla e ai suoi commercial di Model X: anche i protagonisti di quei racconti, la mamma lavoratrice Paige e il produttore di birra Dan, vengono aiutati dall'azienda.

Lo schema situazione | problema | soluzione dunque è esattamente lo stesso (come in tutti i casi che ti ho raccontato per ogni linea narrativa), ma ci tengo a farti notare la differenza, in termini di impatto sul pubblico, che ha la scelta di una linea narrativa piuttosto che un'altra.

Tesla risolve il tuo problema in modo efficiente, è una storia di fatti. AXA risolve il tuo problema facendoti una carezza, è una storia di cura.

Con questo non intendo dire che una linea narrativa sia meglio di altre, non mi stancherò mai di ripeterlo: dipende da ciò di cui il tuo pubblico ha bisogno.

Tutti abbiamo bisogno di una carezza

Certo, per alcune vicende così drammatiche come quella che ci racconta AXA, ci viene spontaneo pensare a una storia di cura come naturale linea narrativa. Ma le storie di cura non sono sempre così immediate come si potrebbe pensare. Vediamo un esempio.

La catena di ristoranti americana Chick-fil-A ci fa vedere uno spaccato di (stra)ordinaria umanità che tutti i giorni si incrocia nei suoi store. La campagna si chiama *Every Life Has a Story* ed è stata realizzata dall'azienda come attività di training per far capire ai propri dipendenti come ogni cliente vada compreso perché portatore di una serie di problematiche di cui prendersi cura.

La telecamera passa in rassegna ogni persona presente nel locale. Accanto a ognuna, una scritta in sovraimpressione ci racconta in sintesi la sua storia, soprattutto i problemi e le sfide che quella persona si trova ad affrontare e i drammi che la affliggono.

Figura 68 Screenshot tratto dal video *Every life has a story*.[87]

I drammi raccontanti sono rilevanti:

- chi ha subìto un abuso;
- chi ha figli in zone di guerra;
- chi sta per divorziare;
- chi ha una grave malattia;
- chi è rimasto orfano.

Quel che è certo, però, è che nessuna di quelle persone, colta in un momento di vita quotidiana, mostra i problemi che la affliggono. E quel che è ancora più certo, è che ciascuno di loro avrebbe bisogno di ricevere una carezza, una parola di conforto.

Come vedi, qui la storia di cura è potenziale, non ancora sviluppata, ma il racconto attiva la nostra immaginazione e ci fa pensare al luogo in cui tutti questi destini si incrociano: un luogo dove non solo abbiamo la possibilità di parlare con qualcuno e creare così un'esperienza condivisa (come esplicita Chick-fil-A stessa in chiusura al video), ma anche dove la sensazione diffusa, quella che ci vuol far percepire il brand, è che lì in quel locale c'è qualcuno che ti ca-

[87] https://www.youtube.com/watch?v=IPYY6CvcUqQ.

pisce. Non ti giudica e ti accoglie come a casa. Non c'è più la marca, c'è un luogo dove sentirsi bene. La serenità di sentirsi compresi non è in fondo una cura per la nostra solitudine?

E IO A CHI POSSO TENDERE LA MANO?

Volvo, Volkswagen, AXA, tutti si prendono cura di noi pubblici.

Siamo noi che guardiamo i video, noi che compriamo una Volvo o che ci affidiamo a un servizio AXA, che veniamo presi per mano, protetti e tutelati.

A volte però può succedere che noi si sia chiamati in prima persona a prenderci cura di qualcuno.

Quando questo accade e quando scopriamo il sollievo e l'aiuto che può donare un nostro gesto, difficilmente ci tiriamo indietro.

Prova per esempio ad accendere il computer e visitare questo sito web:

http://unahistoriaquedalavuelta.com/en/

Figura 69 Screenshot tratto dal sito web *Una historia que da la vuelta*.

Ti si aprirà una schermata che ti inviterà a collegarti alla stessa pagina da smartphone. A questo punto inizia la storia.

È la storia di un bambino che si alza la mattina, esce di casa e va a lavorare. La sua giornata non è affatto semplice: è costretto a lavorare in miniera per sopravvivere.

Il nostro smartphone però è la bacchetta magica che ci permette di cambiare questa storia: capovolgendolo, anche la storia che vediamo sul computer si ribalta, e vediamo cosa potrebbe fare sempre quel bambino in quel preciso momento. Va a scuola, studia, gioca: la sua vita è diversa.

Figura 70 Screenshot tratto dal sito web *Una Historia que da la vuelta*.

Le due storie vanno avanti in parallelo fino alla fine del video, noi con il nostro smartphone possiamo ribaltarla in ogni istante per vedere com'è il mondo di un bambino sfortunato e come diventa se noi ci prendiamo cura di lui.

Il video e l'applicazione sono prodotti da Unicef in collaborazione con ING Direct: certo, sembrerebbe facile per una no-profit raccontare una storia di cura, ma in realtà non cadere nella banalità e, soprattutto, far capire quanto il nostro gesto, la nostra donazione, possa essere di vitale importanza non è per niente semplice.

LE STORIE CHE CI FANNO BENE

Le storie di cura non devono per forza essere strappalacrime – quella del Piccolo Principe e la sua rosa non lo è – certo, può avere toni più drammatici come nel caso di Volvo, che ci fa mancare un battito quando vediamo l'automobile sfrecciare verso la piccola protagonista, oppure più leggeri e spensierati come accade con Volkswagen.

Non servono nemmeno le parole: basta l'innesco, e la storia si mette in moto da sola nella nostra mente.

Possiamo essere chiamati noi, in prima persona, a prenderci cura di qualcuno – a sfamare una persona in povertà, a liberare chi è ancora schiavo, come ci permette di fare Unicef – oppure può essere l'azienda che si prende cura di noi, come ci dicono AXA e Chick-fil-A. È come con Linus e la sua coperta, ricordi?

La storia nel suo insieme sono Linus e la coperta, che lui tiene stretta a sé a dargli conforto.

Adesso devi scegliere tu: il tuo pubblico sarà Linus o sarà la coperta?

Non c'è una scelta migliore delle altre – una carezza è bello sia farla che riceverla – dipende sempre da che sentimenti vuoi generare in chi ascolta la tua storia. Nel caso di Unicef, per esempio, chi guarda il video immaginerà di compiere effettivamente quel gesto di cura, e proverà un sentimento di gratificazione, si sentirà utile nell'aver aiutato una persona in difficoltà. Se invece vuoi che il tuo pubblico sia Linus, allora dovrai fare in modo che questo si senta protetto, accudito, perfino coccolato da te, come il ragazzo al volante della Volkswagen, che guida tranquillo sapendo che la macchina si prenderà cura di lui e degli altri utenti della strada, o come una persona che entra in un ristorante Chick-fil-A, sapendo che non verrà giudicato ma rispettato e compreso.

Tabella 9 Tabella narrativa delle storie di cura.

Temi	Sfide	Sentimenti	Tesori
• Protezione • Affetto • Dedizione • Attenzione	• Difesa • Aiuto • Chiusura	• Abbandono • Vulnerabilità • Debolezza vs • Comprensione • Tenerezza • Accoglienza	**"La coperta che ci avvolge"** • Serenità • Fiducia • Consolazione

Come avrai intuito, il tesoro allora sarà proprio la coperta che ci avvolge e stringiamo a noi, il senso di protezione che noi come narratori permettiamo a chi ci ascolta di provare in prima persona o di far provare ad altri. Cerca di capire di cosa ha bisogno il tuo pubblico, se vuole essere protagonista attivo della storia – e allora sarà lui chiamato in prima persona ad affrontare la sfida portante delle storie di cura e a prestare aiuto a chi ne ha bisogno – o se invece è proprio lui che sente il bisogno di essere protetto e, in un certo modo, persino accudito.

Quali sentimenti dunque suscita una storia di cura? I protagonisti di una storia di cura sperimentano l'abbandono, il senso di debolezza e vulnerabilità, cui l'aiutante (tu, il brand) risponde offrendo protezione, comprensione, regalando al protagonista la sensazione di sentirsi accolto e capito.

In base a quello che ci siamo detti, mi sentirei di farti un'ulteriore raccomandazione: soprattutto se desideri che il tuo pubblico sia un protagonista attivo delle tue storia di cura, fai il possibile per far sì che lo sia davvero. Pensa a Unicef: non si limita a raccontare due storie alternative del bambino, ma dà a noi la possibilità di ribaltare la sua storia in qualsiasi momento desideriamo. Possiamo vedere il gesto di cura, quando la storia del bambino diventa positiva, e possiamo vedere anche gli effetti negativi della sua mancanza, quando decidiamo di ruotare ancora lo smartphone e vedere che vita vive quel bambino che lavora in miniera.

Prendilo come esempio: se chiami il tuo pubblico a fare qualcosa, se lanci una *call to action*, dagli la possibilità di farlo davvero. Coinvolgilo.

Chiaramente un'applicazione come *Moon* non è alla portata (economica) di tutti, ma nel tuo piccolo puoi trovare sicuramente un modo per passare la palla a chi ascolta la tua storia e fare in modo che vada in porta a segnare.

CHECK LIST DI AUTOVALUTAZIONE

Nelle mie attività di branding...

- Ho individuato gli elementi di cura con cui potermi raccontare agli occhi del mio pubblico?
- In che modo riesco a soddisfare le esigenze di protezione e dedizione presenti nelle storie di vita del mio pubblico?
- Perché e come ho deciso di raffigurarmi in qualità di portatore di una "coperta che avvolge"?
- Con quali contenuti visivi e scritti rappresento questo tipo di "calore"?
- Quale meta finale suggerisco rispetto alla consolazione?
- Che emozioni prova – in termini di "calore" – il pubblico vicino al mio mondo personale e/o aziendale?
- Quale "coperta avvolgente" porto?
- Come mi percepiscono gli altri rispetto alla dimensione di "dedizione" che si manifesta nel mio impegno?
- Sono davvero autentico in questa "dedizione"?
- Ho scelto gli strumenti adatti per rappresentarmi al meglio con le *storie di cura*?

CAPITOLO 13
LA STORIA SUPREMA

"Non potrete mai chiamare il vento, ma potete lasciare la finestra aperta."

BRUCE LEE

Secondo me l'hai capito.

Hai capito che cerchiamo *storie di salvezza* perché abbiamo paura della morte, nostra o delle persone che amiamo, l'idea di aver sprecato la nostra vita ci terrorizza. Abbiamo paura di morire dimenticati da tutti, per questo abbiamo bisogno di qualcuno che invece ci dica: *io mi ricordo di te.* È questo che ci raccontano Coleman Sweeney e gli uomini salvati da lui che vanno a posare un fiore sulla sua tomba.

Hai compreso che cerchiamo *storie di legame* perché abbiamo paura di essere isolati, di rimanere soli. Nei legami con le persone, con il passato, con gli oggetti, troviamo la nostra identità. Abbiamo paura di essere percepiti come diversi, per questo abbiamo bisogno di qualcuno che ci dica: *anche io sono come te.* È questo che ci racconta Heineken con il suo esperimento sociale: scoprire la somiglianza nella diversità.

Hai chiaro che cerchiamo *storie di valore* perché abbiamo paura di essere soli, senza punti di riferimento; tutti siamo guidati dai nostri personali valori e l'idea di esserne privi ci fa sentire un senso di vuoto. Abbiamo paura di non avere fonti di ispirazione, per questo abbiamo bisogno di qualcuno che ci dica: *so cosa significa, segui il mio percorso.* È questo che ci racconta Chanel parlandoci del coraggio di Coco di rompere gli schemi e diventare imprenditrice.

Hai presente che cerchiamo *storie di fatti* perché abbiamo paura di perdere il controllo, di sentirci deboli e inadeguati. Abbiamo paura di essere in balìa degli eventi senza poter in alcun modo governarli, per questo abbiamo bisogno di qualcuno che ci dica: *ci penso io, fidati di me.* È questo che ci insegna The Sandy Hook Promise raccontandoci la storia di Evan, a cui il destino e il futuro sfuggono tra le mani senza che lui possa fare nulla.

Hai interiorizzato che cerchiamo *storie di trasformazione* perché abbiamo paura di vedere tutto cambiare intorno a noi e di rimanere indietro. Ci spaventano l'abitudine e l'immobilismo. Abbiamo paura di veder scorrere ogni giorno uguale all'altro, per questo abbiamo bisogno di qualcuno che ci dica: *osa cambiare.* È questo che ci raccontano i protagonisti di "Un passo per il tuo cuore", pronti a rimettersi in gioco.

Hai afferrato che cerchiamo *storie di cura* perché abbiamo paura dell'abbandono, della nostra umana debolezza, dell'indifferenza di chi ci circonda. Abbiamo paura di essere feriti e soli in un Paese straniero, per questo abbiamo bisogno di qualcuno che ci dica: *ci sono io con te, mi prendo io cura di te.*

Ora dimmi, cosa succede se in una storia inserisci tutte le linee narrative possibili?

Non siamo individui monocromatici, proviamo tante emozioni ed esperienze diverse, quindi non possiamo sempre tracciare una linea netta che definisca le nostre paure. Per questo a volte capita che le risposte da dare possano o debbano essere molte. E a volte bisogna darle in un'unica storia.

Quella storia unica che porta tante risposte contemporaneamente è la *storia suprema*.

La storia suprema

La storia suprema è *la* storia. Quel racconto che unisce in sé tutte le argomentazioni possibili, che risponde a tutte le nostre paure più profonde, che insieme ci parla di fatti, di salvezza, di cura, di trasformazione, di legami, di valori.

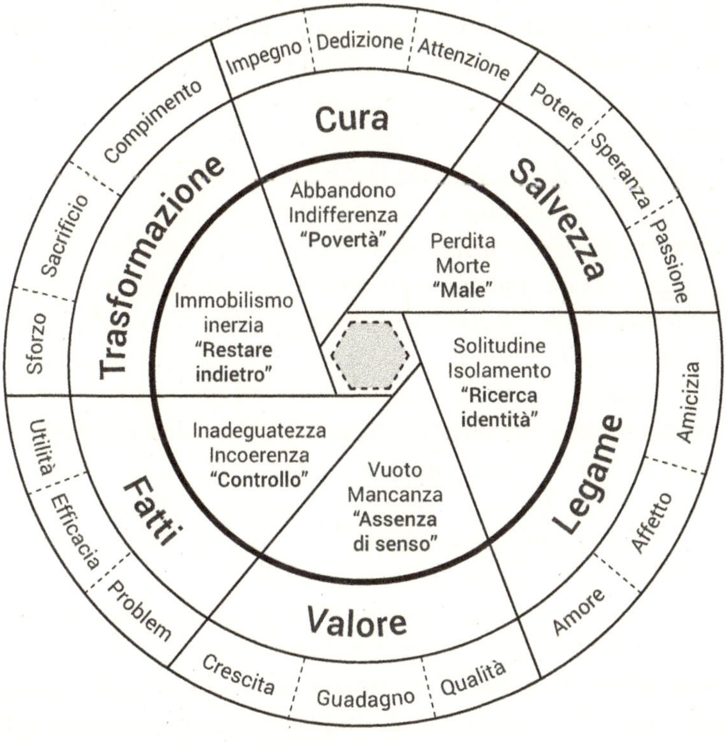

Figura 71 Ruota delle storie supreme.

Le *storie supreme* popolano il nostro immaginario, danno corpo e vita alle pagine della nostra vita e ci fanno piangere, ridere, appassionare. Sono nella sala buia di un cinema, nei veloci post online, nella carta ingiallita di un libro, nelle news di un sito. Sono la materia, l'energia, l'informazione e il significato del nostro universo.

Prendi *Il Signore degli Anelli*: non è forse una storia di valori, di chi combatte per la libertà del mondo? Ma è anche la storia di trasformazione dei suoi protagonisti, di Frodo Baggins che lascia la Contea come ragazzo inesperto e ingenuo e torna uomo. È una storia di fatti, ci racconta la guerra con dettaglio scientifico a volte e ci fa riflettere sulla nostra capacità di governare il nostro mondo e la nostra vita. Ci racconta il legame che esiste tra gli amici, gli alleati, e anche coi nemici. Frodo affronta la paura di rimanere solo, e trova in Sam un amico che si prende cura di lui e che, infine, lo salva.

Così, le *storie supreme* spingono a:

- prendersi cura di sé e degli altri;
- portare ispirazione e qualità nella vita;
- avere relazioni nutrienti;
- agire nel mondo con soddisfazione;
- guardare oltre e continuare a vivere;
- ergersi in un nuovo stato d'essere.

Chi sa progettare storie di questo tipo è un po' come Neo che esce ed entra da Matrix come e quando vuole.

LA FORMULA DELLA STORIA SUPREMA

Una *storia suprema* fa convergere verso di sé tutte le linee narrative, ma attenzione: non basta buttare nel calderone ingredienti a caso, dovrai capire bene, misurare contenuti e format, mantenendo un delicato equilibrio.

Nella tua storia suprema non potrai dare spazio a tutte le linee narrative in egual modo e con egual peso, ma dovrai:

- identificare la paura profonda del tuo lettore e di conseguenza la sua *agenda narrativa*;
- analizzare a quali altre paure può rispondere la tua storia e dunque quali altri temi può toccare;

- calibrare gli ingredienti, in modo che il tuo pubblico percepisca distintamente che stai rispondendo a una sua esigenza specifica, ma che puoi agire anche su altre;
- decidere se declinare diverse linee narrative su diversi canali o convogliare tutti i contenuti in logica *omnichannel.*

Oltre alla convergenza delle linee narrative, ti ricordo gli altri elementi che dovrà contenere la tua *storia suprema*:

- lo schema tu | io | adesso: chi è il pubblico e di cosa ha bisogno, chi sono e cosa posso fare io, in che momento esistenziale ci troviamo?
- i cinque cardini: lo scenario iniziale con il protagonista, il posizionamento esistenziale, il problema da risolvere, l'avversario da affrontare, la soluzione;
- la sistole e diastole del racconto: quiete, caduta, impeto e i contrasti che li alimentano;
- il ritmo e l'armonia, per dare equilibrio al tuo racconto.

I grandi racconti sono intrisi di questi elementi. Sono questi che li rendono grandi. Anche tu puoi farlo con le tue storie.

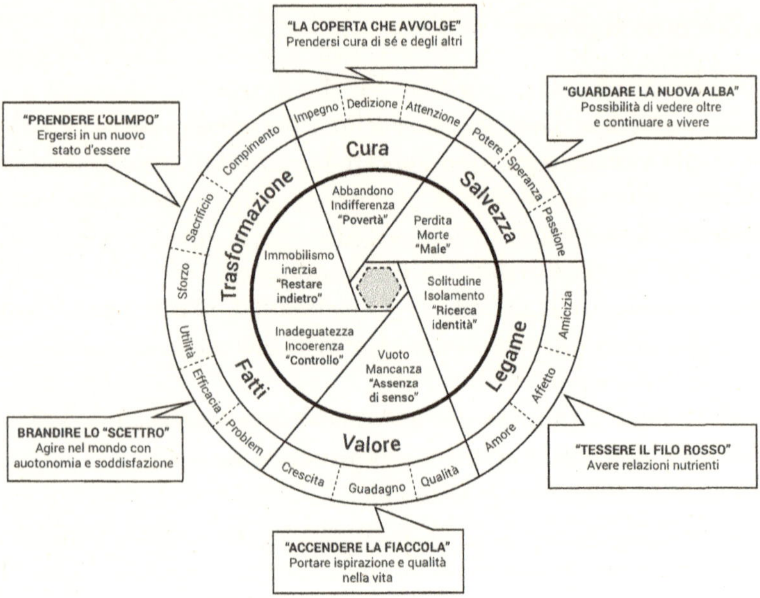

Figura 72 Funzioni delle storie supreme.

In sostanza vuoi creare e far vivere una storia suprema?

Simbolicamente, ma non solo, devi prepararti per essere il portatore di:

- luce e ispirazione;
- calore e affetto;
- nuova visione di conoscenza;
- speranza di vita;
- nutrimento relazionale;
- espansione di coscienza.

Un esempio interessante è avvenuto durante la 75esima edizione dei Golden Globe. E adesso te lo racconto.

Un discorso supremo

8 gennaio 2018.

Oprah Winfrey sale sul palco della 75esima edizione dei Golden Globe per ritirare il premio alla carriera. Oprah tiene un discorso di dieci minuti, commuove il pubblico in sala e il pubblico a casa, infiamma gli animi.

I social media si scatenano e ripropongono l'idea che sia lei la futura Presidente degli Stati Uniti d'America. Come mai? Perché Oprah ha raccontato una *storia suprema* e che incanta.

Eccola qui, riportata per intero.

Troverai delle frasi evidenziate in grassetto: sono degli indizi che ti lascio e che dimostrano perché questa è una *storia suprema*, che poi analizzeremo in seguito. Ma sono sicuro che ne troverai anche tu altri.

> Nel 1964 ero una ragazzina seduta sul pavimento in linoleum a casa di mia madre, nel Milwaukee, che guardava Anne Bancroft che consegnava l'Oscar come miglior attore durante la trentaseiesima edizione degli Academy Awards. Aprì la busta e pronunciò sei parole che hanno letteralmente fatto la storia: "The winner is Sidney Poitier". Sul palco arrivò l'uomo più elegante che io avessi mai visto. Ricordo che aveva la camicia e il papillon bianchi, e ovviamente la sua pelle era nera. **Non avevo mai visto un uomo nero celebrato in quel modo. Ho provato tante, tante volte a spiegare che cosa un momento del genere significhi per una ragazzina, una bambina che guarda sua madre che torna a casa stanca morta per aver pulito le case degli altri**. Tutto quello che posso fare è citare, e dire che la spiegazione è nella performance di Sidney nel film *I gigli del campo*: "Amen, amen, amen, amen".
>
> Nel 1982, Sidney ha ricevuto il premio Cecil B. DeMille proprio qui ai Golden Globes e mi fa un certo effetto pensare che **in questo momento ci siano delle ragazzine che stanno guardando la prima donna nera che riceve lo stesso premio. È un onore, un onore e un privilegio condividere questa serata con tutte loro e anche con gli uomini e le donne incredibili che mi hanno ispirata, stimolata, sostenuta e che hanno reso possibile il mio viaggio fino a questo premio.** Dennis Swanson che ha creduto in me per *A. M. Chicago*. Quincy Jones che mi ha vista in quello show e ha detto a Steven Spielberg: "Sì, lei è Sophia ne *Il colore viola*". Gayle che è l'incarnazione della parola amico e Stedman che è stato la mia roccia, e molti altri.

Voglio ringraziare la Hollywood Foreign Press Association perché tutti sappiamo quanto la stampa sia sotto assedio in questo periodo. **Sappiamo anche che è l'insaziabile dedizione verso la scoperta della verità assoluta che ci impedisce di chiudere un occhio davanti alla corruzione e all'ingiustizia.** Davanti ai tiranni e alle loro vittime. Davanti ai segreti e alle bugie. Voglio dire che oggi apprezzo la stampa più che mai, mentre tentiamo di attraversare questi tempi complicati che mi hanno portata a una conclusione: dire ciò che pensiamo è lo strumento più potente che abbiamo. **E io sono particolarmente orgogliosa e ispirata dalle donne che si sono sentite abbastanza forti e abbastanza emancipate da far sentire la propria voce e condividere le loro storie personali.** Noi, ognuno di noi in questa stanza viene celebrato per le storie che racconta; quest'anno noi siamo diventate la storia.

Ma non si tratta di una storia che riguarda solo l'industria dell'intrattenimento. Trascende ogni cultura, geografia, razza, religione, politica o lavoro. Quindi, questa sera io vorrei esprimere la mia gratitudine a tutte quelle donne che hanno sopportato anni di abusi e violenze perché, come mia madre, avevano bambini da mantenere e bollette da pagare e sogni da inseguire. Sono le donne di cui non conosceremo mai il nome. Sono casalinghe e contadine. Lavorano nelle fabbriche, nei ristoranti, all'università, nell'ingegneria, nella medicina o nella scienza. Fanno parte del mondo della tecnologia, della politica e degli affari. Sono le nostre atlete alle Olimpiadi e sono i nostri soldati nell'esercito.

E c'è qualcun altro, Recy Taylor. Un nome che io conosco e penso dovreste conoscere anche voi. **Nel 1944, Recy Taylor era una giovane moglie e madre. Stava tornando dalla messa a Abbeville, in Alabama, quando sei uomini bianchi armati l'hanno rapita, stuprata e abbandonata** con gli occhi bendati sul ciglio della strada che dalla chiesa portava a casa sua. Le dissero che l'avrebbero uccisa se lei avesse raccontato il fatto a qualcuno, ma la sua storia è stata riportata dalla NAACP dove a capo dell'indagine venne nominata una giovane di nome Rosa Parker e **insieme hanno cercato di ottenere giustizia.** Ma la giustizia non era una possibilità ai tempi di Jim Crow. **Gli uomini che hanno cercato di distruggerla non sono mai stati indagati. Recy Taylor è morta dieci giorni fa, alla soglia del suo novantottesimo compleanno. Lei ha vissuto, come tutte noi abbiamo vissuto, troppi anni in una cultura ferita da uomini potenti.** Per troppo tempo le donne non sono state ascoltate o credute quando hanno osato raccontare la loro verità al potere di questi uomini. Ma il loro tempo è finito. Il loro tempo è finito.

Il loro tempo è finito! **E io spero, spero che Recy Taylor sia morta nella consapevolezza che la sua verità, così come la verità di tante altre don-**

> **ne che in questi anni sono state tormentate, o che lo sono tuttora, sta venendo fuori.** Doveva essere da qualche parte, nel cuore di Rosa Parks, quasi 11 anni dopo, quando ha preso la decisione di rimanere seduta in quell'autobus a Montgomery ed è qui con ogni donna che ha deciso di dire "Me too". E in ogni uomo, in ogni uomo che ha deciso di ascoltare.
> Nella mia carriera, quello che ho sempre cercato di fare al meglio, in televisione o nei film, è di raccontare qualcosa di come le donne e gli uomini si comportano davvero. Di raccontare come proviamo vergogna, amore o rabbia, come falliamo, come ci ritiriamo, come perseveriamo e come vinciamo.
> Ho intervistato e ritratto persone che hanno sopportato alcune delle cose più brutte che la vita possa gettarti addosso, ma l'unica qualità che ognuna di loro sembrava avere in comune con le altre era quella di mantenere la speranza in un mattino più luminoso, persino durante le nostre notti più buie. **Quindi io voglio che tutte le ragazze che ora stanno guardando sappiano che c'è all'orizzonte un nuovo giorno!**
> E quando questo nuovo giorno sarà finalmente sorto, sarà grazie a tante donne meravigliose, molte delle quali sono proprio qui, questa sera in questa stanza, e grazie ad alcuni uomini piuttosto fenomenali che stanno lottando duramente per essere certi che loro saranno i leader che ci condurranno fino al momento in cui nessuno dovrà dire di nuovo: "Me too". Grazie!

La storia di Oprah ha ritmo, ci incalza, mantiene sempre alta la nostra attenzione e ci cattura.

È una storia alimentata da contrasti, i contrasti tra i suoi sogni di bambina e la realtà di vedere sua madre fare le pulizie, contrasti tra le sfide che ha affrontato e i traguardi che ha raggiunto.

Oprah usa magistralmente la quiete, la caduta e l'impeto nel raccontarci la storia di Recy Taylor, che in una tranquilla domenica mattina (quiete) viene rapita e abusata da sei uomini (caduta), ma riesce a salvarsi e a lottare per i suoi diritti (impeto).

La protagonista-Oprah si trova in una situazione di svantaggio, in quanto donna e nera, e assume dunque il posizionamento esistenziale di paladina dell'uguaglianza. Il suo problema diventa quindi il problema di tutte le donne, quello cioè di affermarsi in un mondo ostile nei loro confronti, di scontrarsi contro un grande avversario, il pregiudizio.

Il suo premio, il primo vinto da una donna nera, diventa quindi simbolo del momento storico in cui le donne dicono "Time's up", il tempo della disuguaglianza è finito.

Quella di Oprah è una storia che ci parla di valori (uguaglianza, diritti), di legami con le donne che l'hanno ispirata, della possibilità di trovare conforto e cura nel parlare e denunciare. È una storia di fatti, di donne che iniziano a governare la realtà e a non esserne più succubi. È una storia di trasformazione, da bambina che vede sua mamma tornare a casa stanca dopo aver fatto le pulizie a donna affermata e di successo. Ma è anche una storia di salvezza, di redenzione da ciò che è stato subìto, di speranza per un futuro migliore.

LA MIA STORIA SUPREMA

So che all'inizio può sembrare complesso mettere insieme una storia suprema. Ma se mi hai seguito fino a qui dovrebbe essere meno difficile del previsto. Ti lascio questo schema iniziale per aiutarti a dare una prima bozza alle tue storie che incantano. È solo un primo scheletro per riempire il "foglio bianco". Poi quando sarai bravo/a non ne avrai più bisogno e farai come Oprah: un grande racconto in dieci minuti.

Sono caduto ma ho scoperto luce e ispirazione

____

____

____

Ho lottato contro

____

____

____

Mi è stato portato calore e affetto e sono riuscito a ottenere una nuova conoscenza (di me o degli altri)

La vita però è beffarda e si è voluta prendere una rivincita privandomi di

Ma la vicinanza di

Mi ha nutrito e fatto comprendere che

Alla fine sono riuscito a:

(espansione di coscienza)

Ancora una volta voglio cimentarmi con te. Provo a farti veder un esempio. Non voglio costruire qui un discorso complesso, epico, avventuroso, valoriale... come quello di Oprah. Semplicemente ti metto in fila alcune parti della mia storia di vita attraverso l'uso di questo modello.

Sono caduto ma ho scoperto luce e ispirazione

Sono nato in una piccola città di provincia. Dove non succede mai nulla, ma questo mi ha protetto: ero un bambino molto sensibile e chiuso in se stesso e quindi stare lontano dal frastuono del mondo è servito.

Ho lottato contro

Ho dovuto lottare parecchio contro la mia indole introversa e chiusa. Avevo paura di tutto e di tutti e mi vergognavo anche della mia stessa ombra. Mi sentivo sempre in difetto: ero gracile e gli altri bimbi erano forti, ero triste e gli altri bambini era allegri, ero riflessivo e gli altri bambini correvano e urlavano a destra e a manca.

Mi è stato portato calore e affetto e sono riuscito a ottenere una nuova conoscenza (di me o degli altri)

Mio padre, mia madre, i miei nonni sapevano di questa mia introversione. E mi hanno dato tantissimo amore, calore, riconoscimento. A forza di sentirmi dire: *Andrea... non sei solo, non devi essere triste, sei bravo, sei bello, sei forte...* un po' lo sono diventato. Ho cominciato a credere in questo loro racconto. Forse potevo essere quello che dicevano.

La vita però è beffarda e si è voluta prendere una rivincita privandomi di

Mentre io cercavo di diventare migliore di me, di curare le mie timidezze e fragilità, la vita ha pensato bene di privarmi di quelle persone che mi stavano aiutando. Mano a mano ho perso i miei cari.

Ma la vicinanza di

Ma ho incontrato maestri, persone che hanno avuto il coraggio di riconoscermi nel bene e nel male. Con i loro consigli mi hanno sostenuto. Con i loro rimproveri ostacolato. Con il loro esempio appoggiato.

Mi ha nutrito e fatto comprendere che

Sono stato nutrito dal loro desiderio di conoscenza, autonomia, libertà, eleganza, perfezione. Sono stato sfamato dalla voglia di farcela di mia madre, dalla creatività fantastica di mio padre, dalla incrollabile positività dei miei nonni, dalla fede in un domani migliore di tutti coloro che ho incontrato. Bisogna avere l'ardire di riscrivere la propria storia. Mai disperare e mai piegare il capo ai prepotenti. Anche quando sorridono e si presentano come buoni.

Alla fine sono riuscito a

Alla fine il gracile seme di una vita è diventato il frutto di un albero fatto di rami forti: le sue relazioni. Di tutti i mondi che ha incontrato e che ha avuto la forza, il coraggio, il talento e la bellezza di ascoltare.
Chinandosi poi per riscrivere la propria storia.
L'ascolto per me è l'insegnamento più grande. Riscrivere, per me, la lezione più bella. Per questo oggi la mia missione è insegnare agli altri ad *ascoltare* e *riscrivere* racconti di vita, marca e prodotto.
(espansione di coscienza)

Per cui adesso sono curioso di ascoltare la tua storia.

Andare lontano per tornare vicini

Abbiamo visto come un breve discorso possa diventare una storia suprema, scegliendo e mescolando gli elementi giusti. Anche tu potrai farlo, e potrai raccontare la tua personale storia suprema di te stesso, di marca o di prodotto.

Lascia allora che ci congediamo con un ultimo caso corporate, che ti mostri ancora una volta come raccontare la storia suprema.

Parliamo di Google e del suo video *Reunion*. Inizia così.

Figura 73 Screenshot tratto dal video *Google Search: Reunion*.[88]

Un anziano signore mostra alla nipote una vecchia fotografia, che lo ritrae insieme al suo migliore amico d'infanzia, Yusuf. Giocavano assieme a Lahore, in un parco con un cancello costruito durante l'"età della pietra". Sono sessant'anni che non si vedono più. I dissidi politici, la rottura tra Pakistan e India, li hanno separati.

La storia incuriosisce la nipote, che inizia a navigare su Google per scoprirne di più. Mettendo insieme gli indizi, riesce a identificare Yusuf e a trovare il numero del negozio di famiglia. Lo chiama, non sentiamo cosa si dicono ma a Yusuf brillano gli occhi.

Il giovane nipote di Yusuf fa la valigia e si prepara a partire per l'India: Google è un aiutante costante di questo percorso di riunione, permette di capire come sarà il tempo a Delhi (e quali vestiti mettere in valigia) e se l'aereo è già atterrato.

[88] https://www.youtube.com/watch?v=gHGDN9-oFJE.

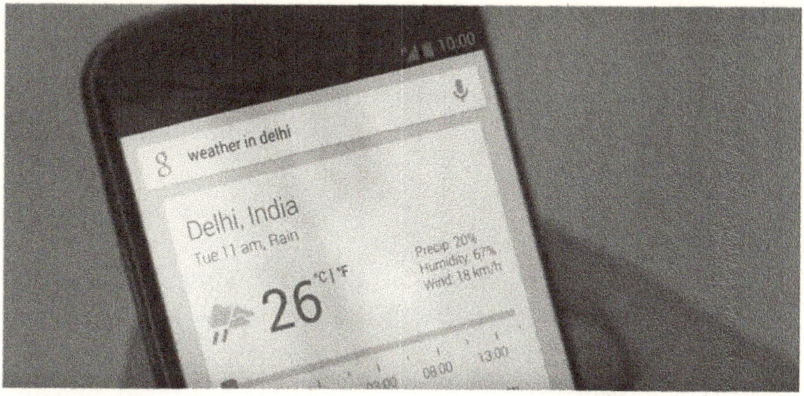

Figura 74 Screenshot tratto dal video *Google Search: Reunion*.

La scena finale non serve neanche che te la descriva, la sai già. Ti faccio vedere soltanto un'immagine.

Figura 75 Screenshot tratto dal video *Google Search: Reunion*.

Rifacciamo il nostro esercizio per un'ultima volta? Vedrai, tireremo le fila di tutte queste pagine.

Quale schema narrativo?

- Tu: che senti la mancanza di un amico lontano.
- Io: che ho i mezzi per aiutarti a ritrovarlo.
- Adesso: il momento storico e personale in cui ti è possibile incontrarlo di nuovo.

Quali i cardini del racconto?

- Situazione: protagonista che, dopo aver abbandonato il suo Paese ed essersi separato dall'amico di infanzia, si è ricostruito una vita altrove.
- Posizionamento esistenziale: l'amicizia come valore supremo da difendere e coltivare.
- Problema da risolvere: la mancanza dell'amico perduto.
- Avversario da affrontare: difficoltà di rintracciare una persona di cui non si hanno più informazioni.
- Soluzione: utilizzare il motore di ricerca Google che permette di trovare l'amico perduto.

E la sistole e diastole del racconto? Forse meno immediati di quanto sembrano, ma in realtà ci sono. Eccoli:

- Quiete: due amici d'infanzia che giocano assieme.
- Caduta: allontanamento e separazione.
- Impeto: volontà della nipote per farli incontrare di nuovo.

Come vedi, tutti i nostri elementi tornano: quiete, caduta e impeto possono essere molto dilazionati nel tempo e anche avere protagonisti diversi. La quiete e la caduta coinvolgono il protagonista, ma in suo aiuto arriva la nipote che gli permette di compiere la risalita.

Il quadro è quasi completo, mancano solo le linee narrative. Vediamole allora.

- Fatti: separazione fisica di due amici, impossibilità (coi mezzi a disposizione per l'epoca) di colmare questa distanza. Google dà ai protagonisti *lo scettro del potere,* la capacità di tornare a governare la propria realtà.

- Valori: l'amicizia, il sentimento profondo di unione tra due persone che va tutelato e perseguito. Google permette ai protagonisti di seguire *la fiaccola.*
- Legame: un legame che sfida il tempo e le distanze, che si scopre intenso e profondo come il primo giorno. Google aiuta i protagonisti a ritrovare ciò che sembrava perduto, *il filo rosso.*
- Salvezza: la possibilità di ridare senso a un aspetto della propria vita, l'amicizia, che sembrava perduta per sempre. Google permette ai protagonisti di incamminarsi verso *una nuova alba.*
- Cura: l'occasione di sanare delle ferite dell'anima che hanno lasciato un segno profondo, che fanno ancora piangere e soffrire il protagonista. Google offre *la coperta da abbracciare.*
- Trasformazione: la possibilità di agire sul proprio destino, di cambiare nel tempo e vedere come è cambiato anche chi è intorno a noi. Google dà ai protagonisti *lo specchio magico.*

BUONA NOTTE. IL MOMENTO DEL CONGEDO

È arrivato così il momento di salutarci. Insieme, nel corso di queste pagine, abbiamo scoperto il potere della nostra immaginazione. Ci siamo immedesimati nei protagonisti di storie lontanissime tra loro, per epoche, distanze geografiche, temi trattati.

Sono storie che ci hanno strappato un sorriso e anche una lacrima, e sono sicuro che almeno una di loro la ricorderai con stupore o entusiasmo.

Sono storie che abbiamo dissezionato, messo sotto la lente d'ingrandimento, analizzato da tanti punti di vista diversi, per capire *perché* questi contenuti ci emozionano e ci restano impressi.

I motivi scientifici li abbiamo trovati, e ci siamo anche esercitati a riprodurli in laboratorio.

Ma certe dinamiche non potremo spiegarle mai e risiedono nella nostra capacità umana di *incantarci*, di emozionarci, di immedesimarci e di pensare al passato e al futuro. È questo che accomuna tutte le *storie che incantano,* quella capacità di andare ad agire su sfere così intime del nostro animo che, se solleticate, ci portano a dimensioni cognitive ed emotive inaspettate.

È la capacità di lasciarci a bocca aperta, che inizia con le pitture rupestri, con Omero che racconta la storia di Achille, insieme a tanti altri eroi, e arriva fino ai giorni nostri, con i nostri film, libri, videogiochi, spot, fiction, chat, web, Instragram stories, brand... Tantissime favole della buonanotte. Per ricordarci sempre che poi la notte passa e non si deve avere paura del buio.

Buon incanto a tutti.

CHECK LIST DI AUTOVALUTAZIONE

Nelle mie attività di branding...

- Monitoro e misuro i diversi tipi di "attivatori cognitivi" del mio pubblico?
- Riesco a dosare diversi attivatori creando contenuti visivi e scritti coerenti?
- Con quali emozioni sociali voglio o non voglio entrare in risonanza?
- Quale tipo di *brand activism* porto avanti?
- Sono davvero autentico in queste "storie supreme"?
- So cambiare *registro narrativo* se è necessario o rischio *epic fail* argomentativi e tematici?
- Progetto e faccio vivere storie supreme?

DOVE TROVARMI E RIMANERE IN CONTATTO

L'incanto non si fa da soli. È bello e utile restare in contatto.

Per tenerci aggiornati sulle reciproche peripezie, ma anche sulle divere occasioni di incontro e approfondimento, ti rimando:

- alla mia pagina personale: http://www.andreafontana.org
- al mio profilo Facebook: https://www.facebook.com/andrea.fontana.4000
- alla mia pagina aziendale: http://www.storyfactory.it
- al sito del master di I livello in Marketing Utilities and Storytelling Techiniques (M.U.S.T.) che dirigo all'Università di Pavia: http://www.u-must.it
- al sito del corso professionalizzante in Corporate Storytelling organizzato dalla Scuola di Comunicazione IULM, il MARPI IULM e l'Osservatorio Storytelling dell'Università di Pavia http://www.iulm.it/wps/wcm/connect/scuoladicomunicazione/sdc/home/corsi-professionalizzanti/corporate-storytelling
- alle iniziative dell'Osservatorio Storytelling che ho fondato nel 2010 e che possono essere molto utili per te come primo approfondimento: http://www.storytellinglab.org/category/narrability-labs/

- alla rivista *Narrability Journal*, prima rivista scientifica in Italia a occuparsi di Scienze della Narrazione: http://www.storytellinglab.org/rivista-narrability-journal/

Per chi scrive è entusiasmante essere letto e sapere di essere stato di ispirazione, con teorie e pratiche utili.

Per cui puoi contattarmi anche sul mio profilo LinkedIn: https://www.linkedin.com/in/andrea-fontana-0034434/ e Twitter: @storyfactor.

Oppure scrivermi direttamente a questo indirizzo e-mail: andrea.fontana@storyfactory.it

Sarò felice di leggerti e di dialogare con te, per scambiarci opinioni, consigli, disappunti e, se vorrai, anche apprezzamenti. Per rimanere sempre più incantati.

BIBLIOGRAFIA ESSENZIALE

Austin Michael, *Useful Fictions: Evolution, Anxiety, and the Origins of Literature*, University of Nebraska, Lincoln (Ne) – London 2010.

Beckert Jens, *Imagined Futures. Fictional Expectations and Capitalism Dynamics*, Harvard University Press, Cambridge (Massachusetts) 2016.

Boyd Brian, *On the Origin of Stories. Evolution, Cognition, and Fiction*, Harvard University Press, London 2009.

Brotherton Rob, *Suspicious Minds: Why We Believe Conspiracy Theories,* Bloomsbury Publishing, New York 2015

Bruner Jerome S., *La fabbrica delle storie. Diritto, letteratura, vita*, Laterza, Roma-Bari 2006.

Calabrese Stefano, *La suspence*, Carocci editore, Roma 2016.

Calabrese Stefano, *La fiction e la vita. Letteratura, benessere, salute*, Mimesis Edizioni, Milano 2017.

Calabrese Stefano (a cura di), *Neuronarratologia. Il futuro dell'analisi del racconto*, ArchetipoLibri Clueb casa editrice, Bologna 2009.

Calabrese Stefano (a cura di), *Narrare al tempo della globalizzazione*, Carocci editore, Roma 2016.

Carroll Joseph, *Literary Darwinism: Evolution, Human Nature, and Literature*, Routledge, New York 2004.

Cometa Michele, *Perché le Sto*
faello Cortina Editore, Mi

Fontana Andrea, *Il ponte narr*

Fontana Andrea, *Storytelling d*

Fontana Andrea, *Storytelling f*

Fontana Andrea, *#IoCredoAll*
news, Hoepli, Milano 201

Gavatorta Francesco, Maestri A
ting digitale, Franco Angel

Gottschall Jonathan, *L'istinto*
lati Boringhieri, Torino 20

Herman David, *Storytelling an*
2013.

Hirstein William, *Brain Fictio*
The MIT Press, London 20

Hogan Patrick Colm, *The Min*
Emotion, Cambridge Univ

Holiday Ryan, *Credimi sono u*
dia, Hoepli, Milano 2014.

Iabichino Paolo, Gnasso Stefa

Iabichino Paolo, *Scripta volant*

Kottler Jeffrey, *Stories We've H*
New York 2015.

Pennacchio Filippo, *Il narrato*
di), *Narrare al tempo della*

Rose Frank, *Immersi nelle stori*
ce Edizioni, Torino 2013.

Sassoon Joseph, *Web storytellin*
Angeli Edizioni, Milano 2

Zunshine Lisa, *Why We Read*
versity Press, Columbus 2

Finito di stampare nel mese di febbraio 2022
presso Lego Digit srl Lavis (TN)